Kuno Fischer

Die Erklärungsarten des goetheschen Faust

Kuno Fischer

Die Erklärungsarten des goetheschen Faust

ISBN/EAN: 9783744706698

Hergestellt in Europa, USA, Kanada, Australien, Japan

Cover: Foto ©Thomas Meinert / pixelio.de

Weitere Bücher finden Sie auf **www.hansebooks.com**

Goethe-Schriften

von

Kuno Fischer.

2.

Vorwort.

Das Thema dieser Schrift ist der Gegenstand eines Vortrages, den ich vor zwei Jahren in der Museumsgesellschaft zu Karlsruhe gehalten habe und in seinem damaligen Wortlaut veröffentlichen wollte. Aber da gleichzeitig die Auffindung einer Abschrift der ältesten Faustdichtung Goethes verkündet wurde und deren Herausgabe bevorstand, so unterblieb zunächst die Ausführung meiner Absicht und hat sich, weil unvorhergesehene und dringende Arbeiten dazwischentraten, bis heute verzögert. Aehnlich war es der neuen Auflage meiner Schrift über Goethes Faust ergangen, die zur Zeit jenes Vortrages erschien. Einige für das Thema wichtige Punkte, die in dem Buche ausführlich entwickelt waren, enthielt der Vortrag in gedrängter Kürze. Ich habe die Form des letzteren beibehalten, wodurch dem Umfange der Schrift gewisse

Grenzen gesetzt sind. Diese nicht zu weit zu überschreiten, habe ich hier darauf verzichten müssen, die Erklärungsarten bis in ihre Anwendung auf die Auslegung unseres Werkes im Einzelnen zu verfolgen. Darüber will ich meine Betrachtungen an einem anderen Orte ausführen.

Was den Inhalt meines Vortrages betrifft, so habe ich an den Grundzügen desselben im Wesentlichen nichts zu ändern gehabt, aber ich war durch die neuen Ergebnisse der Faustforschung in Folge jenes unerwarteten Fundes zu neuen Auseinandersetzungen und Ausführungen verpflichtet, welche der aufmerksame Leser gleich als solche erkennen wird.

Heidelberg, im März 1889.

K. F.

Inhalt.

		Seite.
I.	Das Zeitalter des Gedichtes	9
II.	Die philosophische Erklärungsart	14
III.	Die historische Erklärungsart	18
IV.	Die Abwege beider Erklärungsarten	24
	1. Die falsche Annahme der Erdichtung	25
	2. Die falsche Annahme der Entlehnung	29
V.	Die philologische Erklärungsart	33
	1. Die unkritische Vergleichung	36
	2. Die kritische Vergleichung	41
VI.	Die philologische Unterscheidungskunst	57
	1. Der Urfaust in Prosa	57
	2. Der Urmonolog	62
	3. Die Gretchentragödie	69
VII.	Ein Stimmungsbild im Faust	84
VIII.	Die religiöse Idee des Gedichtes	88

I. Das Zeitalter des Gedichtes.

Im nächsten Jahre werden Goethes Faust und Tasso das erste Jahrhundert ihrer öffentlichen Laufbahn vollenden. Es war freilich nur ein Bruchstück des Faust, welches zu Ostern 1790 erschien, kaum der fünfte Theil des Ganzen; erst achtzehn Jahre später folgte der vollendete erste Theil und noch mußte die Welt fast ein Vierteljahrhundert warten, bevor sie im Todesjahre des Dichters den zweiten empfing, der die Reihe der nachgelassenen Werke eröffnete. Seit jenen Jugendtagen in Wetzlar, wo Goethe den Werther erlebte und der Faust in ihm gährte, waren zwei Menschenalter vergangen. Und zwei Jahrhunderte älter als jenes Fragment waren die ältesten Volksbücher vom Faust und die erste Fausttragödie, welche der Engländer Marlowe gedichtet hatte. Dieser waren im Laufe des siebzehnten Jahrhunderts die deutschen Volksschau=

spiele vom Doctor Faust gefolgt, woraus gegen die Mitte des achtzehnten die Puppenspiele hervorgingen, deren eines die Phantasie unseres Dichters frühzeitig und tief ergriffen hatte, so daß die bedeutsame Puppenspielfabel gar vieltönig in ihm nachklang. Mit dem ältesten Faustbuch, welches zur Herbstmesse 1587 in Goethes Vaterstadt erschien, begann die Faustliteratur, deren dramatische Dichtungen die Zahl hundert weit übersteigt.

Als Goethe im Jahre 1813 den Dichter, dem seine höchste Bewunderung gewidmet war und blieb, von neuem und umfassender als je würdigen wollte, nahm er zur Ueberschrift die Worte: „Shakespeare und kein Ende". „Es ist über Shakespeare schon so viel gesagt, daß es scheinen möchte, es wäre nichts mehr zu sagen übrig, und doch ist dies die Eigenschaft des Geistes, daß er den Geist ewig anregt." So begann er seine Betrachtung.

Dasselbe gilt auch von ihm und seinem Faust. Man wird nie aufhören, Dantes Weltgedicht zu lesen, denn der Gegenstand, den es darstellt, ist ein Thema von ewigem Inhalt: die Schuld, die Läuterung und die Erlösung des Menschen. Ebendasselbe gilt von der Bedeutung und Fortwirkung des Goethe'schen Faust. Es würde darum eine der literarischen Weltordnung und ihrer Werthe unkundige Denkart verrathen, wollte jemand im Tone des Tadels sagen: „Goethes Faust und kein Ende".

Der Stammbaum dieses Gedichtes wurzelt tief in der Vergangenheit und wird dadurch nicht geringer, daß seine Vorfahren Volksbücher und Volksschauspiele waren, denn man weiß, was im Reiche der Dichtung die volksthümliche Herkunft im Unterschiede von der vornehmen, d. h. von der gelehrten und kunstmäßigen, bedeutet. Die eigene Gegenwart aber, die es erlebt hat und in sich trägt, war eines der thaten= und ideenreichsten Zeitalter, welche die Menschheit je gesehen und nie in einem so kurzen Zeitraum. Als das Fragment unseres Faust erschien, hatte die französische Revolution ihren Lauf begonnen; sie hatte denselben vollendet und einen Cäsar geboren, der schon der Gebieter der Welt war, als der erste Theil des Faust an das Licht trat. In demselben Jahre erschien Napoleon in Erfurt, wo er den Dichter des Werther zu sich berief und ihn aufforderte, nunmehr einen Cäsar zu dichten, da jetzt die Politik das Schicksal der Welt sei.

Als Goethe gefragt wurde, welchen unter den neueren Philosophen er für den vorzüglichsten halte, antwortete er: „Ohne allen Zweifel Kant, denn er ist derjenige, dessen Lehre sich fortwirkend erwiesen und am tiefsten in unsere deutsche Cultur eingedrungen ist". Gleichzeitig mit der Entstehung der Kantischen Vernunftkritik war die des Goethe'schen Faust; gleichzeitig mit der Kritik der Urtheilskraft, diesem letzten Hauptwerke Kants, erschien das Fragment. Der Königsberger Philosoph stand damals auf der Höhe seiner Geistesthat. Die Philosophen Fichte, Schelling und Hegel waren ihm gefolgt und hatten das Zeitalter mit ihren Ideen erfüllt, als Goethe im Jahre 1808 den ersten Theil seiner Fausttragödie herausgab. Einige siebzig Faustdichtungen haben mit ihr zu wetteifern gewagt, aber sind in dem Lichte des großen Gestirns schnell verblaßt; keine war im Stande, die Geistesfülle des schicksals- und gedankenvollen Zeitalters so, wie die unsrige, auszuprägen und zu offenbaren. Haben doch alle einflußreichen Denker der Zeit ihre Ideen mit Goethes Faust zu vergleichen und ihre Geistesverwandtschaft mit demselben nachzuweisen gesucht, um dadurch ihren eigenen Werth und Gehalt zu beurkunden.

Und der gewaltigste Dichter der nachgoetheschen Zeit fühlte sich von Ideen erfüllt und getrieben, die aus unserem Faust stammten. Als er seinen Sardanapal dem Dichter des Faust widmete, sagte Lord Byron: „Dem großen Goethe! Ein Ausländer wagt es, die Huldigung eines literarischen Vasallen seinem Lehnsherrn darzubringen, der die Literatur seines Vaterlandes geschaffen und die Europas verherrlicht hat." Seine eigenen Dichtungen haben sich gleichsam in die beiden Seelen unseres Faust getheilt: „Die eine hält in derber Liebeslust sich an die Welt mit klammernden Organen, die andere hebt gewaltsam sich vom Duft zu den Gefilden hoher Ahnen"! Aus jener ist Byrons Sardanapal und Don Juan, aus dieser sein Manfred und Kain hervorgegangen. Man kennt den beherrschenden Einfluß, den dieser englische Dichter, der ein Vasall Goethes sein wollte, auf die europäische Literatur ausgeübt hat. Es würde nicht schwer sein nachzuweisen, wie eine Reihe der eigenthümlichsten Dichtungen unseres Jahrhunderts Themata behandeln und variiren, welche der Goethesche Faust in sich schließt, es seien nun Grund- oder Folgethemata. Eines der letzteren ist z. Bsp. der

Hexensabbath, der auf dem Blocksberge einmal im
Jahr, in unseren großen Weltstädten täglich und
tausendfach erlebt wird. Und was thun einige
unserer gelesensten und interessantesten Tages=
romane anderes, als daß sie solche Themata in
höchst anschaulicher Fülle darstellen?

Unmöglich kann ein Gedicht, welches eine so
große Vergangenheit, Gegenwart und Nachfolge
beherrscht, so kurzlebig sein, daß es kaum zwei
Menschenalter nach seiner Vollendung ausgelebt
und seine Ergründung erschöpft sein sollte. Schon
die zahlreiche und stets wachsende Menge der Er=
läuterungsschriften zu Goethes Faust beweist uns,
daß die Welt eine Erklärung dieses Werkes be=
gehrt und die bisherigen Versuche ihre Aufgabe
entweder verfehlt oder nicht gründlich und voll=
ständig genug gelöst haben. Es sei mir vergönnt,
die Art dieser Versuche in dem gegenwärtigen Vor=
trage, so weit seine Grenzen reichen, näher ins
Auge zu fassen und zu prüfen.

II. Die philosophische Erklärungsart.

Der Kern aller Faustdichtung ist eine reli=
giöse Fabel. Ein hochstrebender und hochbegabter

Mensch, von Durst nach Wahrheit und Welt ge=
trieben, wird dem Dienste Gottes untreu, trachtet
nach Zauberkräften, beschwört den Teufel und ver=
schreibt ihm seine Seele, die für immer der Hölle
gehören soll, nachdem er eine stolze und üppige
Weltfahrt genossen hat. Diese Fabel enthält selbst
in ihrer rohesten Fassung eine Reihe gewichtiger
Vorstellungen über den Kampf des Guten und
Bösen im Herzen der Menschheit, über die Trieb=
federn der Schuld und des Verderbens: lauter
Themata, worin tief gehende Fragen der Religion
und Philosophie zusammentreffen.

Im Laufe des sechszehnten Jahrhunderts, dem
Zeitalter der deutschen Wiedergeburt des Christen=
thums und des Alterthums, unter dem Einfluß
der damaligen religiösen und philosophischen Zeit=
ideen entstand der Mythus vom Doctor Faust,
dessen religiöse Tendenz sich in den Volksbüchern
ausprägte.

In den Jahren von 1771—1831, einem von
religiösen und philosophischen Ideen tief bewegten
Zeitalter, dem größten der deutschen Philosophie,
das von den Anfängen der Epoche Kants bis zum
Tode Hegels reichte, entstand, entwickelte und

vollendete sich der Goethesche Faust. Die alte Fabel vom deutschen Magus des sechszehnten Jahrhunderts und die neuen Ideen der deutschen Philosophie, welche das letzte Menschenalter des vorigen, das erste dieses Jahrhunderts bewegt haben: das sind die Elemente, welche unser Gedicht in sich aufnehmen und verbinden mußte, denn es durfte weder seine Erbschaft noch seine Geburt verleugnen. Darum ist dieses Werk kraft seines Ursprungs eine religiöse und philosophische Dichtung, die ohne die Erkenntniß der in ihr wirksamen Ideen nicht wohl gefaßt und durchdrungen werden kann. Das Verständniß desselben war und bleibt deshalb eine **philosophische Aufgabe**.

Auch nahmen die ersten Erklärungsversuche, die dem Gedicht auf dem Fuße gefolgt sind, diese Richtung: sie stellten sich die Aufgabe, die Fabel unserer Fausttragödie zu erörtern und deren Moral ausfindig zu machen. Diese galt als die Grundidee, welche in den Personen und Handlungen der Dichtung uns bildlich dargestellt sein sollte. So wurde die philosophische Erklärung zur **allegorischen Deutung und Deutelei**. Das ganze Gedicht erschien zuletzt wie eine Zaubersphäre, innerhalb deren man nicht mehr seinen Sinnen trauen dürfe und die natürlichsten Dinge für etwas ganz anderes ansehen müsse, als sie sind und sich geben. Man wurde belehrt, was die Spaziergänger vor dem Thore bedeuten, der Tanz unter der Linde, die Ratte, die das Pentagramm zernagt, die Zecher in Auerbachs Keller, der Wein, der aus der Tischlade fließt, das Schmuckkästchen in Gretchens Schrein, der Schlüsselbund und die Nachtlampe, womit Faust Gretchens Kerker betritt, und was dergleichen Räthsel mehr sind. Es wurde sogar gefragt: was bedeutet Gretchen?

Der Grundfehler aller dieser Erklärungen war, daß sie von einer fertigen Grundidee ausgingen, die man der Dichtung unterlegte, und woraus dieselbe entsprungen sein sollte, wie die Fabel aus der Moral. Ueber die Grundidee selbst waren die Ausleger keineswegs einig. Aber sie nahmen die Dichtung, als ob Goethe seine Faustfabel lediglich erfunden und ihrer Absicht gemäß das Werk nach einem Plan und in einem Guß ausgeführt habe, während doch die Faustsage schon zwei Jahrhunderte alt war, als Goethe sie ergriff, und Goethes Faust zwei Menschenalter, als er zur Vollendung gelangte.

Auf dem Wege dieser und ähnlicher Erklärungs=
arten ließ sich die Aufgabe nicht lösen, da man
von dem Ursprunge und der Entstehungsart des
Werkes falsche Vorstellungen hatte.[1]

III. Die historische Erklärungsart.

Erkannte Irrthümer sind oft unsere besten Weg=
weiser. Die philosophischen Deutungsversuche mußten
aufgegeben und der Weg der historischen Unter=
suchung eingeschlagen werden. Nun rückten eine
Menge Fragen in den Vordergrund, die bisher
so gut wie unbeachtet geblieben. Eine Frage weckte
die andere. Es war nicht genug, die Entstehung
und Fortbildung des Goetheschen Faust zu er=
forschen; man mußte, da man seinen Stammbaum
vor sich sah, auch die Gebilde der vorgoetheschen
Faustdichtung ins Auge fassen und auf ihren Ur=
sprung untersuchen, man mußte vor allem die Volks=
bücher, diese Urformen der Faustliteratur, zer=
gliedern, insbesondere das erste und älteste, und da
dem Faustbuch doch die Ausbildung der Faustsage

---

[1] Meine Schrift: Goethes Faust nach seiner Ent=
stehung, Idee und Composition. Zweite, neu bearbeitete
und vermehrte Auflage. (Stuttgart, Cotta 1887.) S. 8—15.

vorausging, so war die Entstehung der letzteren zu ergründen. Zeigte sich nun, daß beide, die Faustbücher wie die Faustsagen, Sammelwerke von sehr bunter Zusammensetzung sind, so mußten sie in ihre Stücke zerlegt und jedes derselben auf seinen Ursprung geprüft werden. So häufen und theilen sich die historischen Fragen, um sich wieder zu häufen und zu theilen, wobei es natürlich nicht ausbleiben kann, daß eben so viele Streitfragen entstehen als Fragen und unsichere Annahmen.

Glaubwürdige Männer haben in den ersten Decennien des sechszehnten Jahrhunderts aus eigener Kenntniß von einem landstreichenden Gaukler berichtet, der sich den jüngeren Faust, den zweiten Magus nannte und wohl die Person war, die schon bei Lebzeiten ein Gegenstand sagenhafter Ueberlieferung wurde: der Kern, woraus in der zweiten Hälfte des Jahrhunderts das collective Sagengebilde „von dem Erzzauberer Doctor Johann Faust" hervorging. So wies nun auch die Faustsage ebenfalls über sich hinaus auf das Vorbild eines älteren Faust, eines ersten Magus, und nöthigte die Forschung, sich auf die früheren Zaubersagen zu erstrecken, um sie mit der Faustsage und dem Goetheschen Faust zu vergleichen.

Zu einer Vergleichung dieser Art mögen namentlich solche Zaubersagen der Vergangenheit auffordern, die, ähnlich der Faustsage, eine religionsgeschichtliche Bedeutung haben und in charakteristischen Zügen den Glaubenszwiespalt ihrer Zeitalter abspiegeln.

Aus dem Schoße des Urchristenthums und den apostolischen Glaubenskämpfen entstand die Geschichte vom Simon Magus, jenem samaritanischen Zauberer, der vom Volke als „die Kraft Gottes, die da groß ist", angestaunt, von Petrus aber verdammt wurde, weil er die Gaben des heiligen Geistes für Geld kaufen wollte. Eine spätere religionsphilosophische und gnostische Lehre hat diesen Zauberer als die welterleuchtende Kraft vergöttert und mit der Lichtgöttin Helena vermählt.

Während der Götterglaube im Sinken und der Christusglaube im Steigen begriffen war, mußte ein Punkt kommen, wo beide einander gegenüberstanden und ihre Kräfte maßen. In dem Jahrhundert, welches der Epoche Constantins folgte, war das siegreiche Bewußtsein schon auf seiten des

Christenthums und ließ seinen Triumph in der Person des Cyprian von Antiochien, dem hellenistisch gesinnten Philosophen und Zauberer, erscheinen, der vom Götterglauben abfällt, sich zum Christusglauben bekehrt und in der Glorie des Märtyrers endet. Er hatte erfahren, daß der Dämon, der ihm dienen sollte, vor dem Zeichen des Kreuzes zitterte. Aus dieser Legende ist eine der erhabensten christlichen Dichtungen hervorgegangen: Calderons wunderthätiger Magus.[1]

Wenn die judenchristlich gesinnte Legende vom Simon Magus die urchristliche, die vom Cyprian die altkirchliche Magussage heißen darf, so muß man die vom Faust, wie sich dieselbe in den Volksbüchern dargestellt hat, die lutherische nennen. Die Faustbücher entstehen, nachdem das Lutherthum in der Concordienformel seine engste und ausschließende Richtung ausgeprägt hat. Mit unverkennbarer Absicht wird der vom Wissens- und Weltdurst erfüllte, vom Bibelglauben und Lutherthum abgefallene Faust als das Gegenbild des Reformators geschildert und mit allen Zügen aus-

---

[1] Vgl. die oben genannte Schrift, S. 36—56.

gestattet, die dem lutherischen Glauben verhaßt und antilutherisch geprägt sind. Wo das lutherische Volk die schlimmsten Feinde des Christenthums, der Reformation und des eigensten Glaubens zu sehen gewöhnt ist, da lassen die Volksbücher den abtrünnigen Magus seinen vergnüglichsten Aufenthalt finden: im Vatikan zu Rom, in den Palästen des Sultans, am Hofe Karls V. zu Innsbruck, bei dem calvinistisch gesinnten Grafen von Anhalt. Im Vatikan freut er sich, seinesgleichen zu sehen, in Constantinopel spielt er den Propheten Mohammed und kleidet sich in die Gewänder des Papstes, in Innsbruck huldigt er dem Sieger von Mühlberg und beschwört dem römisch-katholischen Weltbeherrscher den griechisch-heidnischen Welteroberer.

In demselben Jahre, wo Luther in Worms erscheint, dann auf der Wartburg das Werk der Bibelübersetzung unternimmt, dem Teufel widersteht und das Dintenfaß nach ihm schleudert, schließt Faust seinen Bund mit dem Satan und verschreibt ihm die Seele mit seinem Blut. Dieser Gegensatz wird in einem der Volksbücher so ausdrücklich hervorgehoben und zur Schau gestellt, daß man die geflissentliche Erfindung sofort erkennt und auch sieht, wie der Verfasser die Chronologie seiner Faustgeschichte aus jener Entgegensetzung herleitet.

In demselben Jahre, wo Luther seinen frommen Hausstand gründet, beginnt Faust mit dem Teufel seine zuchtlose Weltfahrt. Er muß dem Teufel die Ehe abschwören, ein eheloses, wollüstiges Leben führen und statt der Dirne, die er heirathen will, sich mit dem Gespenst des heillosen heidnischen Weibes vermählen. Am Sonntage vor Ostern beschwört er bei einem Studentenbanket die griechische Helena, die ihm und seinen Gästen die Sinne berückt. Während die gläubige Welt sich zum Auferstehungsfest Christi vorbereitet, läßt Faust die Helena auferstehen!

Selbst der typische Doctortitel des Faust klingt antitypisch: der Doctor Faust gegen den Doctor Luther! Um uns diesen Contrast dicht vor die Augen zu rücken, lassen die Volksbücher ihren Faust in Wittenberg nicht blos studieren oder vorübergehend sich aufhalten, sondern als Bürger und Universitätslehrer angesessen sein, unbekümmert, ob eine solche Thatsache je stattgefunden hat oder stattfinden konnte. Luther wie Melanchthon sollen ihn verdammt haben, obwohl in keiner ihrer Schriften sein Name genannt wird.

Wie Simon Magus der antijudaistische, Cyprian der antihellenistische, so ist Faust der **antilutherische Magus**. Seit dem Jahrhundert der Reformation hat es keine religiöse Volksbewegung gegeben, die sich mit der lutherischen vergleichen ließe. Daher ist auch keine Magussage aufgetreten, die an religionsgeschichtlicher und volksthümlicher Bedeutung mit der Faustsage wetteifern könnte. Und sie wird so wenig erscheinen, wie ein zweiter Luther![1]

IV. Die Abwege der beiden Erklärungsarten.

Der philosophischen Erklärung der früheren Art, d. h. der allegorischen Deutung, habe ich die historische Forschung von heute gegenüberstellen und zeigen wollen, wie weit die letztere ihre Fragen ausdehnt und in so viele Einzeluntersuchungen zerlegt. Entgegengesetzt, wie ihre Richtungen, sind auch die Abwege, in welche beide Erklärungsweisen gerathen. Wenn die Allegoristen die Ueberlieferung gar nicht oder zu wenig zu Rathe zogen und am liebsten

---

[1] Vgl. meine Schrift, S. 134—139.

alles den vermeintlichen Ideen und Erfindungen des Dichters zuschreiben wollten, so sind viele unserer heutigen historischen Erklärer geneigt, den Einfluß der Ueberlieferung dergestalt zu überspannen, daß sie der Erfindungskraft und den eigenen Ideen des Dichters am liebsten nichts übrig lassen möchten. Nach jenen soll der Dichter wo möglich alles er= sonnen, nach diesen wo möglich alles entlehnt haben. Wir finden, daß die einen dem Dichter des Faust Ideen, die anderen dagegen Entlehnungen unterschieben, an die er niemals gedacht hat. So berühren sich auch hier die Extreme.

1. Die falsche Annahme der Erdichtung.

Ein sehr anschauliches Beispiel der allegoristischen Verirrungen bietet die Auslegung der Scene in Auerbachs Keller, deren Züge sämmtlich in der willkürlichsten und wunderlichsten Weise gedeutet worden sind, während sie sämmtlich in der Ueber= lieferung enthalten waren. Lercheimer hatte erzählt, daß ein fahrender Gaukler bei einem fürstlichen Gast= mahl Reben und Trauben aus der Tischplatte her= vorgezaubert und den Gästen zum Schneiden ange= boten, diese aber dergestalt verblendet habe, daß sie ihre Nasen für Trauben hielten. Schon das Frankfurter Volksbuch überträgt die Geschichte auf den Faust und läßt dieselbe in einer vornehmen Reichsstadt geschehen. Nach der Ausgabe von 1590 spielt sie in Erfurt, wo Faust bei dem Gastmahle des Stadtjunkers statt der Reben und Trauben gleich die edelsten Weine selbst aus der Tischplatte hervorzaubert. In demselben Buche lesen wir, daß Faust auf der Leipziger Messe ein großes Weinfaß, das niemand von der Stelle rücken konnte, aus dem Keller herausgeritten habe. Das Zauberstück wird von der späteren Sage in Auerbachs Keller verlegt und hier mit der Jahreszahl 1525 bildlich dargestellt. Diese Zeitangabe stammt aus dem weit älteren Widmannschen Faustbuch, das im Jahr 1525 (lutherischen Andenkens) Fausts Weltfahrt beginnen läßt.

Alle diese Züge verwebt Goethe und schafft daraus frei und genial jene ergötzliche Scene, womit auch er Fausts Weltfahrt eröffnet. Wie bei dem Gastmahl in Erfurt fließen die Weine aus den Löchern der Tischplatte; wie bei dem Gastmahle, welches Lercheimer und das älteste Faustbuch erzählen, werden die Gäste durch das Blendwerk der Trauben bezaubert und in derselben Weise wie dort entzaubert. Auch der Faßritt fehlt nicht. „Ich hab' ihn selbst hinaus zur Kellerthüre auf einem Fasse reiten sehn", sagt Altmayer.

Die Ueberlieferung läßt die Blendwerke durch Faust geschehen, unsere Dichtung durch Mephistopheles. Aber auch in diesem charakteristischen Zuge hat Goethe den Weg der Ueberlieferung erst später verlassen. In der älteren Form seines Gedichtes, die jüngst nach Erich Schmidts glücklicher Auffindung der Göchhausenschen Abschrift zur Kenntniß der Welt gekommen ist, hatte er noch die Ueberlieferung befolgt und die Zaubereien in Auerbachs Keller durch Faust selbst vollführen lassen. Hier ist es Frosch, der ausruft: „Ich hab' ihn auf einem Fasse hinausreiten sehn".[1]

Jene alten Bilder, die den Faßritt und das Zechgelage darstellen, hatte Goethe als Leipziger Student sehr oft Gelegenheit zu sehen, denn er kam häufig in Auerbachs Hof, wo sein Freund Behrisch wohnte. Als dieser Leipzig verlassen hatte, schrieb

---

[1] Goethes Faust in ursprünglicher Gestalt, nach der Göchhausenschen Abschrift herausgegeben von Erich Schmidt (Weimar 1887). S. 26—31.

ihm Goethe: „Ich komme nicht mehr in Auerbachs Hof, wo ich sonst alle Tage lag".[1]

Nun vergleiche man diese einfache und gesunde Art, wie die Scene in Auerbachs Keller aus der Ueberlieferung keineswegs blos entlehnt, sondern wahrhaft dichterisch entstanden ist, mit den Deutungen der Allegoristen, die sie aus ihren willkürlichen und leeren Ideen, d. h. aus nichts wollen hervorgehen lassen!

Gewiß haben jene Eindrücke der schriftlichen und bildlichen Ueberlieferung in Goethe fortgewirkt und ihn vermocht, die Scene in Auerbachs Keller zu dichten, die ohne solche Bedingungen niemals entstanden wäre. Eindrücke aber sind nicht Conceptionen, geschweige Dichtungen. Es wäre sehr unrichtig und ungeschichtlich gedacht, wollte man aus Goethes Leipziger Eindrücken auf den gleichzeitigen Anfang seines Faust schließen und sogar auf die Urform. Wirklich war ein seiner Zeit berühmter Historiker auf den Einfall gerathen, daß die Auerbachscene die erste und älteste der ganzen Dichtung sei, die Goethe unter dem Eindruck jener

---

[1] Goethe-Jahrbuch (1886). S. 86. Brief vom 16. October 1767.

Bilder schon in Leipzig verfaßt und woraus, wie aus seiner Urzelle, sich der Faust allmählich entwickelt habe. Er hatte die Unbefangenheit, Goethen selbst, als er ihn zum erstenmale sah, diese Ansicht vorzutragen und das Gespräch, worin er dem Dichter des Faust den Ursprung seines Werkes dargelegt hatte, drucken zu lassen.

2. Die falsche Annahme der Entlehnung.

Der Abweg der Allegoristen und überhaupt der philosophischen Erklärer, die sich zu wenig um die Geschichte des Werkes kümmern, ist die **Deutungssucht**; der Abweg der historischen Erklärer, die zu wenig die schöpferische Kraftfülle des Dichters in Rechnung ziehen, ist die **Entlehnungssucht**. Es mag gut und lehrreich sein, die Legenden und Dichtungen vom Simon, Cyprian und Faust miteinander zu vergleichen, aber man darf auf Aehnlichkeiten, wären sie noch so bedeutsam, nicht ohne weiteres den genealogischen Zusammenhang und die Abstammung gründen, denn Aehnlichkeiten können wohl Folgen der Verwandtschaft sein, nie deren Gründe. Nun sollen die Sagen vom Simon und Cyprian als „die Stammväter der Faustsage" und

dadurch mittelbar auch als die des Goetheschen
Faust gelten. Namentlich die Vermählung des
Faust mit der Helena, die einen so wesentlichen
Theil der Goetheschen Dichtung bildet, sei von der
Simonsage entlehnt. Aber die Genossin des Simon
stammt aus einem gnostischen Ideenkreise des zweiten
christlichen Jahrhunderts, die des Faust aus der
homerischen Dichtung, die ein Jahrtausend älter ist.
Es bedarf der künstlichsten Deutungswege, um von
der gnostischen Helena zur homerischen und vom
Monde nach Troja zu gelangen. Es fehlt jedes
Anzeichen, daß in dem Gesichtskreise der Faustbücher
wie der Goetheschen Dichtung die Sage von dem
vergötterten Simon und seiner Vermählung mit
der Helena auch nur bekannt, geschweige einflußreich
und vorbildlich gewesen sei. Die griechische Legende
vom Cyprian hat Goethe nicht gekannt. Calderons
wunderthätigen Magus hat er in deutscher Uebersetzung
erst gelesen, nachdem der erste Theil seines Faust
seit Jahren erschienen war. Auch hat er gelegentlich
selbst geäußert, daß Calderon keinerlei Einfluß auf ihn
ausgeübt habe. So werden unserem Dichter unter
dem Schein einer tiefen historischen Herleitung Ent=
lehnungen zugeschrieben, die ihm völlig fremd sind.

Die lutherische Tendenz der Faustbücher brachte es mit sich, daß der gottlose Magus völlig antilutherisch gesinnt sein und darum auch die Ehe abschwören mußte. Das Verbot weckte die Lust, die auf die Dauer nicht ohne Gegenstand bleiben durfte. Die letzten Volksbücher erzählen, daß Faust die Magd eines Krämers in seiner Nachbarschaft zur Ehe begehrt, Mephistopheles ihm aber die Erfüllung dieses Wunsches versagt und statt der schönen Magd in Wittenberg die schöne Helena aus Griechenland zugeführt habe. Offenbar ist diese Heirathsgeschichte aus dem Heirathsverbot herausgesponnen, um den Uebergang zu der Vermählung mit der Helena zu bilden, und hat nicht das mindeste mit einer Herzensgeschichte zu thun. Aber heutzutage will man hier den Keim entdeckt haben, woraus das Gretchen in Goethes Dichtung entstanden sei. Nicht aus der phantasievollen Erinnerung an das Gretchen in Frankfurt oder die Pfarrerstochter in Sesenheim wäre demnach das Gretchen im Faust hervorgegangen, sondern aus einer Scharteke entlehnt und also nicht erlebt und geschaffen, sondern literarisch fabricirt![1]

---

[1] Meine obengenannte Schrift, S. 150.

Ehemals fragte man bei dem Hexeneinmaleins: was bedeuten diese tiefsinnigen Worte? Die Frage war falsch, da die Worte sinnlos sind und sein wollen, denn zum Hexencultus gehört der Unsinn, der sich mystisch geberdet. Jetzt fragt man: wo hat Goethe diese Worte her? Wo stand zu lesen: „Du mußt verstehn! aus Eins mach' Zehn" u. s. w. oder „Genug, genug, o treffliche Sibylle!"? Die Frage ist umsonst, denn das Hexeneinmaleins steht nirgends. Will man sie stellen, so hat Friedrich Meyer sehr gut auf ein italienisches Lottobuch hingewiesen, worin sich gewisse Anklänge finden, die dem Dichter vielleicht im Ohr lagen, als er in Rom die Hexenküche schrieb.[1]

Unsere Erklärer sollten in ihren Auslegungen Goethescher Worte die Jagd nach Entlehnungen nicht so weit treiben, daß sie der so gerühmten Erfindungskraft des Dichters kaum etwas übrig lassen. Als Eckermann aus Schellings Buch über die Kabiren einige Anspielungen in der classischen Walpurgisnacht zu verstehen gelernt hatte und Goethen seine Freude darüber aussprach, sagte dieser: „Ich

---

[1] Archiv f. Lit.-Gesch. XIII. S. 239—250.

habe immer gefunden, daß es gut ist, etwas zu wissen". Am Ende wird man noch zu erforschen suchen, woher diese Worte stammen? Wer hat vor Goethe gesagt: es ist gut, etwas zu wissen? Wer hat es zuerst gesagt? Wenn Goethe selbst, um seinen Ausdruck zu brauchen, „poetisches Wildpret" jagte und fing, so meinte er ganz andere Dinge als Citate.

V. Die philologische Erklärungsart.

Die philosophische Erklärung der alten Art, die in Deutungen bestand, ist veraltet und abgethan; bisweilen erscheint noch ein verspäteter Nachzügler, der unbeachtet vorübergeht. Die historische Erklärung ist an ihre Stelle getreten, sie ist in ihrem Recht und in der Herrschaft. Sobald sie auf die Abwege geräth, die wir kennen gelernt haben, hört sie auf historisch zu sein und verliert ihren Einfluß, da sie ihre Aufgabe verfehlt hat. Diese bleibt. Die Werke des Dichters müssen auf ihre Entstehung unter= sucht und deshalb nicht blos mit der fremden Literatur, die auf ihn eingewirkt hat, sondern auch miteinander verglichen werden, damit die Unter= schiede und Stufen ihrer Ausbildung einleuchten.

Und da es sich hierbei vorzüglich um die Entwicklungsformen des sprachlichen Ausdrucks handelt, so wird die geschichtliche Erklärungsart auf diesem Gebiete den Charakter der **philologischen** Vergleichung und Beurtheilung annehmen müssen. Es ist der heutigen Goetheforschung nachzurühmen, daß sie sich mit dieser lehrreichen Aufgabe beschäftigt und den Entwicklungsgang der Sprache des Dichters durch ihre verschiedenen Stufen und Formwechsel hindurch, von der ersten naturmächtigen und überquellenden Ausdrucksweise bis zur künstlerischen Vollendung voller Kraft und Schönheit und wiederum vom hohen und schönen Stil bis zu den feierlichen und künstlichen Formen zum Gegenstande eingehender, sachmäßiger Untersuchungen gemacht hat. Zwei sehr ungleichartige Forscher haben in wechselseitiger Anerkennung sich fortwirkende Verdienste um die Erkenntniß und Würdigung der Sprache Goethes erworben: von der ästhetischen Seite Fr. Vischer, von der germanistisch-philologischen der seiner Wissenschaft und seinem Wirkungskreise zu früh entrissene W. Scherer. Doch habe ich jetzt nicht die dankbare Aufgabe, diese Verdienste näher zu erörtern. Ich will hier die philologische Betrachtungsweise nur in ihrer bisherigen Anwendung auf die Erklärung des Faust und auf die Fragen nach seiner Entstehung ins Auge fassen und zeigen, wie sich dieselbe uns darstellt. Hierbei achten wir besonders auf die Art und Weise, wie Goethesche Stellen miteinander verglichen und daraus Schlüsse auf ihre Entstehung gezogen werden. Die Vergleichung bietet Aehnlichkeiten und Unterschiede: sie kann so geschehen, daß, nach der Verschiedenheit der Geistesart, der Spürkraft und gewisser vorgefaßter Ansichten, das Hauptgewicht von der einen Seite auf die sprachlichen Aehnlichkeiten, von der anderen auf die sprachlichen Unterschiede gelegt wird. Es sei erlaubt, die Vergleichung auf Kosten der Unterschiede unkritisch, die auf Kosten der Aehnlichkeiten hyperkritisch zu nennen, ein Ausdruck, den gelegentlich auch Kant gebraucht hat. Es steht zu fürchten, daß auf beiden Wegen der Dichter Zwang leiden, daß auf dem einen Unzusammengehöriges verknüpft, auf dem andern Zusammengehöriges zerrissen wird. Ich habe es hier nicht mit Personen zu thun, sondern nur mit Erklärungsarten, und ich glaube die letzteren am besten anschaulich zu machen, wenn ich sie an wichtigen Beispielen darstelle.

1. Die unkritische Vergleichung.

Die Vergleichung ist doppelt unkritisch, wenn sie erstens über flachen Aehnlichkeiten tiefgehende Unterschiede außer Acht läßt, und dann nach dieser unrichtigen Schätzung Goethescher Aussprüche die Entstehung derselben beurtheilt. Um ein Paar ähnlicher Bilder willen erscheinen Stellen, die auch sprachlich weit auseinander liegen und sehr ungleichartig empfunden sind, nun als gleichartig und als gleichzeitig entstanden. Es war nicht wohlgethan, den Goetheschen Faust wie überhaupt die Faustdichtung und Faustsage mit fremden Sagen und Dichtungen so zu vergleichen, daß aus gewissen Aehnlichkeiten auf die Entstehung, Abstammung und Entlehnung geschlossen wurde. Man kann Goethen auf falsche Art auch mit sich selbst vergleichen. Dies ist der Punkt, von dem ich rede. Ich will diesen Mißbrauch Goethescher Parallelstellen an einem Beispiele erläutern.

In einem poetischen Sendschreiben an seinen Freund Riese vergleicht sich der damalige Leipziger Student, der sich schon als Dichter zu fühlen begonnen hat, mit dem Wurm im Staube, der den Adler zur Sonne fliegen sieht und sich vergeblich sehnt,

ihm zu folgen; die Götter wollen nicht zu ihm
herabsteigen, wie sein Stolz gewähnt, er könne nicht
zu ihnen emporfliegen, wie er einen Augenblick ge-
träumt habe:

> Da sah ich erst, daß mein erhab'ner Flug,
> Wie es mir schien, nichts war als das Bemüh'n
> Des Wurms im Staube, der den Adler sieht
> Zur Sonn' sich schwingen und wie der hinauf
> Sich sehnt[1] u. s. f.

Wüßte man nicht, daß der sechszehnjährige Goethe
diese Zeilen geschrieben hat, so möchte sie doch geschrieben haben, wer da wollte aus der Zahl der
Dichter, die Legion heißt! Nichts ist darin bedeutend
als der Streit zwischen dem Gefühle der Kraft und
dem der Ohnmacht, denn dieses letztere würde kein
Dichterling gehabt und ausgesprochen haben.

In seinem zweiten Monologe sagt Faust:

> Den Göttern gleich' ich nicht! Zu tief ist es gefühlt;
> Dem Wurme gleich' ich, der den Staub durchwühlt u. s. f.

Von Todessehnsucht hingerissen und schon im
Vorgefühl der Freiheit vom Drucke des Lebens,
ruft er aus:

---

[1] Der junge Goethe. I. S. 12—15.

> Ein Feuerwagen schwebt, auf leichten Schwingen,
> An mich heran! Ich fühle mich bereit
> Auf neuer Bahn den Aether zu durchdringen,
> Zu neuen Sphären reiner Thätigkeit.
> Dies hohe Leben, diese Götterwonne!
> Du, erst noch Wurm, und die verdienest du? u. s. f.

Vergleichen wir diese Rede des Faust mit den Leipziger Versen, so ist in beiden vom Wurm im Staube, von den Göttern in der Höhe und auch von Schwingen die Rede. Weiter reicht die Uebereinstimmung nicht. Was der sechszehnjährige Student sagt, sind bekannte Bilder in schülerhafter Empfindung und Sprache. Was Faust sagt, fließt aus einer Fülle von Seelenschmerz und Kraft, die sich in jedem Worte unnachahmlich ausprägen.

Doch wir müssen mit unserem Führer den Weg der Vergleichung noch bis zu jener Stelle des Osterspazierganges fortsetzen, wo Faust der scheidenden Sonne nachblickt und sich Flügel wünscht, ihr zu folgen, dann von der Sehnsucht nach der Ferne und Höhe, wie von Heimweh ergriffen, in die Worte ausbricht:

> Ach! zu des Geistes Flügeln wird so leicht
> Kein körperlicher Flügel sich gesellen.
> Doch ist es jedem eingeboren,
> Daß sein Gefühl hinauf- und vorwärtsbringt,

Wenn über uns im blauen Raum verloren,
Ihr schmetternd Lied die Lerche singt;
Wenn über steilen Fichtenhöhen
Der Adler ausgebreitet schwebt,
Und über Flächen, über Seen
Der Kranich nach der Heimath strebt.

Vergleichen wir diesen Erguß des Faust mit den Leipziger Versen, so ist in beiden von der Sehnsucht nach Flügeln und vom Adler in der Luft die Rede. Weiter reicht die Uebereinstimmung nicht. Der sechszehnjährige Student ist noch nicht flügge, in der Rede des Faust ist Adlerflug. Wer diese Worte vernimmt, muß im Innersten davon ergriffen und emporgehoben werden, als ob er die Bilder erlebte, von denen sie erfüllt und inspirirt sind. Um solche Anschauungen in einer solchen Vollkommenheit zu haben und auszusprechen, so bannend und so erhebend, mit der Gewalt der Natur und der Freiheit des Künstlers: dazu gehört nicht blos eine höchst geniale, sondern auch eine höchst entwickelte Dichterkraft und eine Geistesstärke, die kein Anfänger haben kann, und wäre er zehnmal ein Goethe!

Nicht die Vergleichung der angeführten Stellen finde ich zu tadeln, wohl aber die unkritische Art, wie sie angestellt, verwerthet und zu Folgerungen gebraucht wird, die eine falsche Vorstellung von dem Entwicklungsgange des Dichters und seines Werkes liefern. Ein paar gleiche Worte und Bilder, ein paar ähnliche Wendungen und Contraste genügen dem Erklärer, um die poetischen Werthe der verglichenen Stellen auf gleichem Fuße zu behandeln und auf ihre benachbarte Entstehungszeit zu schließen. Weil schon der Leipziger Student in einem poetischen Sendschreiben seine Gemüthszustände in Bildern beschrieben hat, worin Wurm und Adler, Götter und Flügel vorkommen, deshalb sollen wir glauben, daß auch der Osterspaziergang und der zweite Monolog des Faust „nicht viel später entstanden sein können und jedenfalls Stücke der ältesten Dichtung sind"!

Die Leipziger Verse stammen aus dem April 1766. An das Licht getreten sind der Osterspaziergang und der zweite Monolog zweiundvierzig Jahre später! Beide Scenen fehlen in dem Fragment des Faust, das 1790 erschien; sie fehlen auch in der Göchhausenschen Abschrift, die man jetzt den Urfaust zu nennen pflegt, und die ein Original voraussetzt, das mindestens acht oder neun Jahre später ist, als das Sendschreiben an Riese. Es ist wahrscheinlich, daß Entwürfe und Scenen des Spazierganges vor dem Thor schon in Frankfurt entstanden sind, aber sicher nicht in der Vollständigkeit und in der Ausführung, worin wir sie lesen. Und wer die beiden ersten Monologe des Faust zu empfinden und unterscheiden versteht, erkennt nach ihrem Inhalt wie nach ihrem sprachlichen Ausdruck den großen zeitlichen Abstand beider.

Will man die obigen Stellen wegen ihrer Aehnlichkeit auf flacher Hand vergleichen, so beleuchte man vor allem ihren himmelweiten Unterschied. In dem Leipziger Studenten war noch nichts vom Faust und Prometheus. Um die unkritische Vergleichungsart anschaulich zu machen, habe ich ein Beispiel gewählt, das in einem der jüngsten und vielgelesenen Faustcommentare vor Augen liegt.

2. Die kritische Vergleichung.

Wenn man Goethesche Parallelen mit feinem und richtigem Blick aufzufinden weiß, so lassen sich daraus auch chronologische Fragen sehr wohl beurtheilen und vielleicht lösen, wenn auch nicht mit mathematischer Sicherheit, wie man in Gleichungen aus bekannten Größen die unbekannte bestimmt. Es ist neulich im Goethe=Jahrbuch davon die Rede

gewesen, daß Kestners Schilderung des jungen
Goethe in Wetzlar eine Charakteristik seiner reli=
giösen Sinnesart enthalte, die mit der Art und
Weise, wie Faust die seinige in dem Gespräche mit
Gretchen kundthut, völlig übereinstimme. Fausts
Bekenntnisse sind den begeisterten und hingebungs=
vollen Naturgefühlen sehr ähnlich, die Werther in
seinen Briefen ausspricht. Dieser möchte „aus dem
schäumenden Becher des Unendlichen schwellende
Lebenswonne trinken und nur einen Augenblick in
der eingeschränkten Kraft seines Busens einen
Tropfen der Seligkeit des Wesens fühlen, das alles
in sich und durch sich hervorbringt". Das ist „der
Allumfasser, der Allerhalter", von dem Faust zu
Gretchen sagt: „Faßt und erhält er nicht dich, mich,
sich selbst?" Das ist jene schwellende Lebenswonne,
die Faust der Geliebten als das Ziel aller Sehn=
sucht ganz nach Werthers Art schildert und an=
preist:

 Erfüll' davon dein Herz, so groß es ist,
 Und wenn du ganz in dem Gefühle selig bist,
 Nenn' es dann, wie du willst,
 Nenn's Glück! Herz! Liebe! Gott!
 Ich habe keinen Namen
 Dafür. Gefühl ist alles.

Die Verwandtschaft beider Empfindungsarten ist so ausdrucksvoll und sprechend, daß man schon deshalb auf den gleichzeitigen Ursprung beider Dichtungen schließen und insbesondere die eben erwähnte Garten= und Liebesscene im Faust zu dessen Urbestandtheilen rechnen durfte. Und so hat es sich auch urkundlich bestätigt. Man sollte, beiläufig gesagt, diese Scene nicht, wie es in den Commentaren häufig zu geschehen pflegt, das „Religionsgespräch" nennen, denn sie spielt in Marthens Garten, nicht in der Kirchen= geschichte.

Wenn G. v. Loeper das Goethesche Gedicht „Ganymed" mit dem Briefe Werthers vom 10. Mai verglichen und aus der Aehnlichkeit der Gefühle und Bilder geschlossen hat, daß jene Ode wohl in das Jahr 1774 gehöre, so finde ich beides gut, die Vergleichung wie die Vermuthung. Die Anführung dieses Goetheforschers erinnert mich an eine andere wohlgetroffene Vergleichung. Im elften Buche von Dichtung und Wahrheit sagt Goethe in seiner Schilderung der Sturm= und Drangzeit: „Schon früher und wiederholt auf die Natur gewiesen, wollten wir nichts gelten lassen als Wahrheit und

Aufrichtigkeit des Gefühls und den raschen derben Ausdruck desselben:

> Freundschaft, Liebe, Brüderschaft,
> Trägt die sich nicht von selber vor?

war (unsre) Losung und Feldgeschrei." Dazu hatte G. v. Loeper commentirend bemerkt: „Nach Gedanke und Ausdruck erinnern diese Worte an die bekannten im Faust:

> Es trägt Verstand und rechter Sinn
> Mit wenig Kunst sich selber vor."

Elf Jahre später erscheint „Goethes Faust in ursprünglicher Gestalt" und hier stehen in dem Gespräche mit Wagner nicht die Worte: „Es trägt Verstand und rechter Sinn mit wenig Kunst sich selber vor", sondern statt ihrer:

> Und Freundschaft. Liebe, Brüderschaft,
> Trägt die sich nicht von selber vor?

Eine der interessantesten und wichtigsten Fragen kritischer Vergleichung betrifft den Monolog in „Wald und Höhle" nebst dem Zwiegespräche, welches ihm folgt und von seiten des Faust mit dem tragischen Ausbruch: „Was ist die Himmelsfreud' in ihren Armen?" u. s. s., von seiten des Mephistopheles mit den Worten endet, die jenen Ausbruch verlachen: „Wie's wieder siedet, wieder glüht!" u. s. f.

In unserem „Urfaust" steht von jenem Monologe nichts und von dem Zwiegespräche nur der eben bezeichnete Schluß[1], und zwar an einer Stelle, die wohl dem Zweikampfe und dem Tode Valentins vorausgehen sollte, da dessen Monolog und der Anfang des Gesprächs zwischen Faust und Mephistopheles, welches in der späteren Dichtung in der Mitte zwischen den Valentinsscenen steht, unmittelbar vorhergehen. Es beginnt mit den Worten des Faust: „Wie von dem Fenster dort der Sakristei aufwärts der Schein des ew'gen Lämpchens flämmert" u. s. f. In der Antwort des Mephistopheles fehlt die Anspielung auf die Walpurgisnacht:

So spukt mir schon durch alle Glieder
Die herrliche Walpurgisnacht.
Die kommt uns übermorgen wieder,
Da weiß man doch, warum man wacht.

---

[1] Nur die Schlußworte des Mephistopheles fehlen:
Es lebe, wer sich tapfer hält!
Du bist doch sonst so ziemlich eingeteufelt.
Nichts Abgeschmackters find' ich auf der Welt
Als einen Teufel, der verzweifelt.

In der ältesten Dichtung lag noch nichts vom Plan der Walpurgisnacht, der wohl aus Goethes Harzreisen hervorging und erst in der Hexenküche angedeutet wurde. Statt jener Stelle sagt Mephistopheles im Urfaust:

> Nur fort, es ist ein großer Jammer!
> Ihr sollt in eures Liebchens Kammer,
> Nicht etwa in den Tod.

Diese Worte hat der Dichter später in das neue Zwiegespräch versetzt, welches dem Monolog in Wald und Höhle nachfolgte. An dieser Stelle des „Urfaust" befinden wir uns in der Mitte ungeordneter und unausgeführter Scenen. Das Original, welches die Göchhausensche Abschrift mittelbar oder unmittelbar zur Voraussetzung hat, war so beschaffen, wie es Goethe in einem seiner Briefe an Schiller beschreibt: „Das alte, noch vorräthige, höchst confuse Manuscript".

Im Fragmente folgt der Monolog und das nächste Gespräch unmittelbar nach der zweiten Gartenscene, d. h. nach Gretchens Verführung, von deren Schuld sich Faust in naturbeschaulicher und dichterischer Einsamkeit zu retten sucht, während Mephistopheles ihn zu neuem Liebesgenuß und zur

Rückkehr antreibt, die Valentins Rache und Ermordung, Fausts Blutschuld und Flucht, Gretchens völliges Verderben zur Folge haben wird.

Im ersten Theile dagegen folgt der Monolog und das Zwiegespräch unmittelbar nach der ersten Garten= und Liebesscene, d. h. vor Gretchens Verführung, so daß Faust im einsamen Genuß der Natur und Dichtung sich vor Leidenschaft und Schuld zu bewahren sucht, während Mephistopheles seine Begierde stachelt und ihn zur Verführung anreizt und lockt. Nach dem ersten Liebesgeständniß erscheinen hier die Liebenden in der Trennung, jedes hält seinen Monolog: Faust in Wald und Höhle, Gretchen am Spinnrad.

So viel steht fest, daß die Valentinstragödie, obwohl erst später ausgeführt, schon in der ältesten Dichtung als ein Theil der Gretchentragödie nicht blos geplant, sondern auch angelegt und begonnen war. Schon hier warnt Mephistopheles den Faust vor den „rächenden Geistern, die über der Stätte des Erschlagenen schweben". Der Bruder als Rächer der Schwester und als ein Opfer ihrer Schuld! Hier zeigt sich eine gewisse Parallele zwischen diesem Stück der alten Fausttragödie und dem Clavigo.

Fausts leidenschaftliche Liebesgluth erscheint in der ursprünglichen Dichtung so übermächtig und dämonisch, daß sie ihn wie ein unwiderstehliches Schicksal mit sich fortreißt in Schuld und Verderben. Die Vergleichung des Menschenlebens und seiner Schicksale mit der Wassersluth im Wechsel ihrer Gestaltungen, ihrer gehemmten und ungehemmten Ergüsse war unserem Dichter so vertraut und eingelebt. In seiner eigenen Sturm- und Drangzeit fühlte er sich dem stürmenden und drängenden Elemente so verwandt und erblickte darin so gern sein eigenes Abbild. Unser Faust gleicht seinem Dichter. In ruheloser, wider die festen Schranken des Lebens und der Sitte anstürmender Weltfahrt begriffen, von tiefer Leidenschaft für das holde, harmlose Kind gefesselt, fühlt er sich dem Wassersturz ähnlich, der mit den Felsen auch die Hütte zertrümmert:

Was ist die Himmelsfreud' in ihren Armen?
Laß mich an ihrer Brust erwarmen!
Fühl' ich nicht immer ihre Noth?
Bin ich der Flüchtling nicht, der Unbehauste,
Der Unmensch ohne Zweck und Ruh,
Der wie ein Wassersturz von Fels zu Felsen brauste,
Begierig wüthend nach dem Abgrund zu?

Und seitwärts sie mit kindlich dumpfen Sinnen,
Im Hüttchen auf dem kleinen Alpenfeld,
Und all ihr häusliches Beginnen
Umfangen in der kleinen Welt.
Und ich, der Gottverhaßte, hatte nicht genug,
Daß ich die Felsen faßte und sie zu Trümmern schlug!
Sie, ihren Frieden mußt' ich untergraben! u. s. f.

Diese Worte und alle darin enthaltenen Gefühle, Bilder und Motive sind so urgoethisch und darum auch so urfaustisch, daß ich mit wahrer Freude diese Stelle in dem Urfaust nach der Göchhausenschen Abschrift angetroffen habe.[1] Das titanische Selbstgefühl, das sein Spiegelbild in dem reißenden Bergstrom findet, wie der länderbeherrschende Weltstrom, der dem Ocean zueilt, das Spiegelbild des Welteroberers war, der eine Weltreligion gestiftet! Und zugleich dieser sehnsüchtige Blick nach der Hütte und dem Glück, das sie beherbergt! Wie erinnert uns dieser Zug an den „Wanderer" und an den Schluß in „Wanderers Sturmlied"! Das alles sind Lieblingsvorstellungen des jungen Goethe, die er in der Tiefe seiner Einbildungskraft hegte und pflegte, in denen seine Seele heimisch war, wie ein Volk in seiner Mythologie!

---
[1] Meine obengenannte Schrift. S. 443.

Um aber auf unsere urfaustische Rede zurück=
zukommen, so glaube ich, daß sie einige der Ein=
drücke voraussetzt, die Goethe auf seiner ersten
Schweizerreise erlebt hat, daß sie daher wohl nach
dieser entstanden sein mag und vielleicht eines der
letzten Stücke der Faustdichtung war, das noch in
Frankfurt geschrieben wurde.

Der Monolog in Wald und Höhle findet sich
nicht im Urfaust, sondern erst im Fragment:

Erhabner Geist, du gabst mir, gabst mir alles,
Warum ich bat. Du hast mir nicht umsonst
Dein Angesicht im Feuer zugewendet u. s. f.

Manche der früheren Erklärer haben sich den
Kopf zerbrochen, wer dieser erhabene Geist wohl
sein möge? Einer meinte, es sei Herder; ein
anderer dachte an Spinoza. Es ist der Erdgeist,
der dem Urfaust auf seinen Ruf erschienen, aber
wieder entschwunden, doch vom Dichter zu einer
fortwirkenden Rolle bestimmt war: er sollte dem
Faust von neuem erscheinen und den Mephistopheles
zum Gesellen für die Weltfahrt senden. Daß eine
solche Sendung stattgefunden habe, wurde auch in
jenem Gespräche zwischen Faust und Mephistopheles,
der einzigen Scene, die in Prosa geschrieben war

und blieb, ausdrücklich vorausgesetzt. Unser Monolog spricht es aus:

> Du gabst zu dieser Wonne,
> Die mich den Göttern nah und näher bringt,
> Mir den Gefährten, den ich schon nicht mehr
> Entbehren kann u. s. f.

In diesen Worten liegt das Band, welches diesen Monolog noch mit dem Urfaust und dem Plane der ältesten Dichtung verknüpft.

Sonst ist derselbe nach Form und Inhalt nicht mehr urfaustisch. Die Zeit der Hans Sachs-Verse ist vorüber und an ihre Stelle die Kunstsprache der reimlosen Jamben getreten. Der Goethesche Faust redet in seinem Monolog die Sprache, worin die letzte Form der Iphigenie in Italien ausgeführt wurde. Die Zeit der Wertherleiden ist vorüber und an die Stelle der enthusiastischen Naturgefühle die forschende Naturbetrachtung getreten, welche den Zusammenhang und die Einheit alles Lebendigen zu durchdringen sucht. Schon ist die Einheit der Pflanzenwelt in der Mannichfaltigkeit ihrer Formen Goethen in der Pflanzenmetamorphose aufgegangen, deren Idee ebenfalls in Italien zur Reife gedieh.

Du gabst mir alles,
Warum ich bat — — — —
Gabst mir die herrliche Natur zum Königreich,
Kraft sie zu fühlen, zu genießen. Nicht
Kalt staunenden Besuch erlaubst du nur,
Vergönnest mir in ihre tiefe Brust,
Wie in den Busen eines Freunds, zu schauen.
Du führst die Reihe der Lebendigen
Vor mir vorbei und lehrst mich meine Brüder
Im stillen Busch, in Luft und Wasser kennen.

Es darf heute wohl für eine ausgemachte Sache gelten, daß dieser herrliche Monolog die köstlichste der wenigen Früchte ist, die Goethes Faust in Italien geerntet hat.[1] Nach des Dichters eigener Aussage scheint während seines Aufenthaltes in Italien vor der letzten Februarwoche 1788 kaum etwas am Faust geschehen zu sein. „Natürlich ist es ein ander Ding", schreibt er den 1. März 1788, „das Stück jetzt oder vor fünfzehn Jahren auszuschreiben; ich denke, es soll nichts dabei verlieren, besonders da ich glaube, den Faden wiedergefunden zu haben. Auch was den Ton des Ganzen betrifft, bin ich getröstet; ich habe schon eine neue Scene ausgeführt,

---

[1] Vgl. meine obengenannte Schrift. S. 257—258.

und wenn ich das Papier räuchere, so dächte ich, sollte sie mir niemand aus den alten herausfinden."

Der feine Spürsinn unserer Philologen wird sich durch eine solche Räucherung sicherlich nicht dergestalt trüben lassen, daß er den Monolog in Wald und Höhle für diese Scene ansehen sollte, die von den alten nicht zu unterscheiden wäre, von denen sie doch nach Form und Inhalt so gewaltig absticht. Auch wird man dem Dichter selbst nicht zutrauen, daß er sich darüber täuschen konnte. Er wäre in seinen Dichtungen sich der Unterschiede zwischen Frankfurt und Rom so wenig bewußt gewesen, daß er hätte meinen sollen, diese Unterschiede wegräuchern zu können?

Und doch wüßte ich unter den neuen, dem Urfaust hinzugefügten Scenen keine andere, von der sich im genauen Verstande sagen ließe, daß sie den vom Dichter „wiedergefundenen Faden" der alten Dichtung aufgenommen und fortzuführen gesucht habe, als diesen Monolog. Derselbe war unabhängig von der Gretchentragödie entstanden, die viele Jahre zurück in der Vergangenheit lag, er enthielt kein Moment, das mit ihr verknüpft oder auf sie berechnet war; nun sollte er als ein wirk=

james Glied in dieselbe eingefügt werden. Der Dichter wußte selbst nicht recht wo. An einem andern Ort steht der Monolog im Fragment, an einem andern im ersten Theil. Es gab nur eine einzige Art, ihn in der Gretchentragödie zu verwenden: Faust mußte aus seiner gedankenvollen Einsamkeit zu Gretchen zurückkehren in leidenschaftlicher und verderblicher Gluth; ein Gespräch mit Mephistopheles mußte in dieser Stimmung und mit dem leidenschaftlichen Ausbruche dieses Entschlusses enden. Die Elemente dazu bot das alte Frankfurter Manuscript. Hier fand Goethe das Bruchstück eines Zwiegesprächs, dessen Schluß für seinen Zweck vortrefflich paßte und nach dem Monologe Fausts in Wald und Höhle weit besser am Platze war als vor Gretchens Haus, in der Nähe der Sakristei, nach Valentins Monolog, wo es die alte Handschrift hatte. Ein neues Gespräch mit diesem schon gegebenen Schluß war zu dichten. Darin bestand die Aufgabe, die zur Einführung des neuen Monologs in die Gretchentragödie zu lösen war. Goethe führt die Scene aus, die den Monolog in Wald und Höhle mit der Gretchentragödie verknüpfen sollte. „Ich habe schon eine

neue Scene gedichtet, und wenn ich das Papier
räuchere, so dächte ich, sollte sie mir niemand aus
den alten herausfinden." Diese Scene gewiß nicht!
War sie doch ihrer Tendenz und in einigen Stücken
selbst dem Wortlaute nach schon in den alten Scenen
enthalten. Ich hatte Goethes Andeutung früher
auf die „Hexenküche" bezogen, weil ich jenes Zwie=
gespräch für ein Stück der ältesten Dichtung ge=
halten habe, bis ich jetzt durch den Faust nach
der Göchhausenschen Abschrift eines Besseren oder
vielmehr Genaueren belehrt bin.[1]

Daß Goethe die Hexenküche eines Tages im
Garten der Villa Borghese zu Rom gedichtet hat,
wissen wir aus seinen Gesprächen mit Eckermann.
Das Grundmotiv dieser Scene lag in dem Bilde
der Helena, die Faust im Zauberspiegel erblicken
sollte. Der Schauplatz des Alterthums, auf dem
er sich befand, mußte unserem Dichter lebhafter
als je vergegenwärtigen, welche Rolle das schönste
Weib aus der Sagenwelt des Alterthums in
der Faustsage und Faustdichtung gespielt und zu
spielen hat.

[1] Vgl. meine Schrift über Goethes Faust: Kap. XII.
S. 252—257.

Der Monolog in Wald und Höhle bezieht sich in seinen Schlußworten auf diese Erscheinung im Zauberspiegel der Hexenküche zurück:

> Er facht in meiner Brust ein wildes Feuer
> Nach jenem schönen Bild geschäftig an.
> So tauml' ich von Begierde zu Genuß
> Und im Genuß verschmacht' ich nach Begierde.

Aus diesen Gründen nehme ich an, daß die Hexenküche, der Monolog in Wald und Höhle und das Gespräch, welches ihm folgt und mit einem Stücke der ältesten Dichtung endet, in Italien entstanden sind, und zwar in der genannten Reihenfolge.[1]

Hier öffnet sich die Aussicht auf eine Reihe von Fragen nach dem Plan und der Composition der Goetheschen Faustdichtung. Ich lasse dieselben unberührt, da ich dieses umfassende und viel verzweigte Thema in meiner Schrift eingehend behandelt habe. An der gegenwärtigen Stelle habe ich es mit den Erklärungsarten zu thun, deren eine in der kritischen Vergleichungsart besteht, die ich an einigen Beispielen und Proben darstellen wollte.

---

[1] Wenn Erich Schmidt mit seiner „kleinen Fausthypothese" recht hat, so wurde die Hexenküche im Sommer 1787 gedichtet. (Schriften der Goethe-Gesellsch. II. S. 429.)

VI. Die philologische Unterscheidungskunst.

Die unkritische Vergleichung und die hyperkritische Unterscheidung sind zwar nach Geistes- und Urtheilsart sehr verschieden, aber sie können beide in der Erklärung dichterischer Werke zu Annahmen geführt werden, die dem wirklichen Ursprunge und Entwicklungsgange derselben zuwiderlaufen. Mit gespannter Aufmerksamkeit werden wir die Zergliederungen beobachten, die ein scharfsinniger, in den großen Fragen der Literatur geübter und einheimischer Forscher mit dem Goethe'schen Faust vorgenommen hat. Solche Untersuchungen haben stets ihre lehrreichen Erfolge, auch wenn ihre Ergebnisse zweifelhaft oder falsch sind.

1. Der Urfaust in Prosa.

In unserer Dichtung, wie sie die Welt von Goethe erhalten hat, giebt es nur eine in Prosa verfaßte Scene: das Gespräch nach der Walpurgisnacht, worin sich Faust in wilden Verwünschungen wider Mephistopheles ergeht, weil ihm dieser das Schicksal Gretchens verheimlicht hat. Daß diese Scene zu denen gehörte, welche Goethe nach Weimar mitgebracht und dort vorgelesen hat, dafür giebt es innere und äußere Beweisgründe genug. Nun finden sich noch einige andere reimlose Stellen, die ebenso gut in Form der Prosa als der abgesetzten Zeilen, worin wir sie lesen, geschrieben sein könnten: wie die Ausrufungen Fausts vor der Erscheinung des Erdgeistes, Gretchens Blumenorakel, Fausts Glaubensbekenntniß in der Gartenscene, wenn man den Erguß seiner religiösen Gefühle so nennen will, die Stimme des bösen Geistes und Gretchens abgerissene angstvolle Worte im Dom. Darauf hat Wilhelm Scherer die Annahme gegründet, daß der ursprüngliche Entwurf des Faust in Prosa verfaßt und unmittelbar nach der Dramatisirung Gottfrieds von Berlichingen, also im Jahre 1772 entstanden sei. Die gereimte Bearbeitung sei in der Entwicklung des Gedichts schon eine zweite Phase, die erst 1773 begonnen habe. Eine einzige Scene und ein paar Trümmer hätten sich noch aus diesem Urfaust in Prosa erhalten.

Alle Aussagen des Dichters sprechen dagegen. Er hat in seinem italienischen Tagebuch von dem alten Manuscripte des Faust bemerkt: „Es ist noch das erste, ja in den Hauptscenen gleich so ohne Concept hingeschrieben". Er berichtet in Dichtung und Wahrheit von der Entstehungsart des Götz und des Faust: „Ich trug diese Dinge mit mir herum und ergötzte mich daran in einsamen Stunden, ohne jedoch etwas davon aufzuschreiben". Völlig damit übereinstimmend ist die Aeußerung in einem Gespräche mit Eckermann: „Der Faust entstand mit meinem Werther, ich brachte ihn im Jahr 1775 mit nach Weimar. Ich hatte ihn auf Postpapier geschrieben und nichts davon gestrichen, denn ich hütete mich, eine Zeile niederzuschreiben, die nicht gut war und die nicht bestehen konnte."

Es ist, meine ich, bei unserer Frage gleichgültig, ob die Worte des italienischen Tagebuchs aus der Zeit der Reise oder der Redaction stammen, denn Goethe selbst hat es gesagt. Und ich möchte die Aussprüche des Dichters über seine eigenen Schöpfungen nicht so leicht genommen sehen, daß sie mit dem Hauch einer Hypothese wegzublasen sind; es sei denn, daß die Annahme über die Entstehungs= art eines Goetheschen Werkes sich aus diesem selbst rechtfertigt.

Einer der kritischen Gründe, worauf Scherer die Annahme über die Entstehungszeit seines Ur= faust gestützt hat, lag in der stilistischen Vergleichung

jener Prosascene des Faust mit der Urform des
Götz. Die Vergleichung als solche ist gut und er-
giebig an feinen Beobachtungen, aber der Schluß,
zu dem sie verwendet wird, ist keineswegs zutreffend.
Nach der Dramatisirung des Gottfried sei in der
Sprache Goethes schon eine Wandlung und eine
solche Maßhaltung des Ausdrucks eingetreten, daß
aus stilistischen Gründen jene Prosascene im Faust
nicht späteren Ursprungs sein könne. Die Urform
des Götz stammt aus dem Spätherbst 1771, die
Abfassung des Clavigo aus dem Frühjahr 1774.
Und die rachsüchtigen Wuthausbrüche des Beau-
marchais im vierten Act des Clavigo sind noch
maßloser, wilder, kannibalischer als die der Bauern
im Gottfried. Aber gerade die Aehnlichkeit der
letzteren mit den Wuthausbrüchen des Faust in der
Prosascene war der Vergleichungspunkt, auf den
man ein so großes Gewicht legte.

Die Frage nach der Gestalt des Ursaust und
der Streit darüber ist seit Scherers Hypothese erregt und mit Lebhaftigkeit geführt worden. Jene
erste Handschrift, die Goethe mit einem alten
Codex verglichen, existirt nicht mehr. Ohne Zweifel
hat er selbst diesen „Codex" zerstört, um der Welt

keinen Einblick in die Werkstätte seines Faust zu gewähren. Wir haben nur, was uns der Dichter selbst darüber gesagt hat. Dieser Codex war die Urschrift, der kein Concept voranging, die Form ihrer Abfassung war die Urform. Ist uns eine Abschrift davon erhalten, so ist auch die Frage und der Streit über die Art der Urgestalt, ob dieselbe in Prosa oder Reimen bestand, einmal für immer entschieden.

Es verhält sich mit dem Streit über den Ur= faust, wie mit dem über das Urevangelium und über den Urring. Was sagt doch gleich der Richter im Nathan? „Wenn ihr mir nun den Vater nicht bald zur Stelle schafft, so weis' ich euch von meinem Stuhle." „Oder harret ihr, bis daß der rechte Ring den Mund eröffne?"

Nun ist es dem ersten Director des eröffneten Goethearchivs durch seinen glücklichen und rastlosen Eifer wirklich gelungen, zwar nicht den Vater selbst, doch etwas vom Vater, einen unzweideutigen Re= präsentanten desselben in der Abschrift des Fräuleins von Göchhausen zur Stelle zu schaffen. Jetzt sind wir sicher, daß der Urfaust mit Ausnahme dreier Scenen in Versen verfaßt war. Diese Ausnahmen sind: die Scene in Auerbachs Keller, die Kerkerscene und das erwähnte Gespräch, welches Goethe erst in die spätere Dichtung aufnahm und hier unmittelbar auf die Walpurgisnacht folgen ließ.

2. Der Urmonolog.

Die Hypothese von einem Urfaust in Prosa ist hinfällig. Unter den Hauptscenen, die nach Goethes eigener Aussage „gleich so ohne Concept hingeschrieben wurden", sind die ältesten zu verstehen: Fausts erster Monolog, die Erscheinung des Erdgeistes, das Gespräch mit dem Famulus. Diese bilden die erste Gruppe der Hauptscenen. Die zweite umfaßt die Gretchentragödie. Seit der Dramatisirung des Faust war und blieb der Monolog im Studirzimmer der typische Anfang, der sich aus der Art und Weise, wie die Geschichte vom Faust erzählt und der Held derselben geschildert wurde, einem dramatischen Kopfe, wie Marlowe, von selbst ergab. Dieser hatte die erste Scene sogleich mit genialer Richtigkeit ergriffen und festgestellt. Von dem englischen Dichter haben ihn die deutschen Volksschauspiele, von diesen die Puppenspiele geerbt. Es war ein vielstimmiges Echo!

Und Goethe schildert seine Faustersbschaft treffend, wenn er sagt: „Die alte Puppenspielfabel klang und summte gar vieltönig in mir wieder".

Der jugendliche Goethe erblickte im Faust wie im Prometheus sein Gegenbild. Gleich in den ersten Worten des Faust vernahm er seine eigensten Gefühle. Er hörte sich reden, wenn alles gelehrte Wissen für eitel und unnütz erklärt und statt aller Bücher ein einziges begehrt wurde, welches die magischen Kräfte des Erkennens und Wirkens verleihen könnte. Hier lag die Urverwandtschaft, die unser Dichter mit dem Magus der alten Volksschauspiele empfand, die Anziehungskraft, womit ihn dieser ergriff; hieraus allein erklärt sich jener Wiederhall der „Puppenspielfabel" in seinem Gemüth. Hören wir aufmerksam, was Goethe über die Entstehung seines Faust in „Dichtung und Wahrheit" mittheilt. Die Worte sind allbekannt, aber beachtungswürdiger, als man sie zu nehmen pflegt. Er sagt: „Die bedeutende Puppenspielfabel des Faust klang und summte gar vieltönig in mir wieder. Auch ich hatte mich in allem Wissen umhergetrieben und war früh genug auf die Eitelkeit desselben hingewiesen worden. Ich hatte es auch im Leben auf allerlei Weise versucht und war immer unbefriedigter und gequälter zurückgekommen." Diese Art der Geistesverwandtschaft mit dem Faust war demnach der Beweggrund und Urquell seiner Dichtung, ihr erstes Thema, ihr Anfang.

Daher müßte der Urfaust in Prosa nicht diese oder jene Scene, sondern vor allem dieses erste Selbstgespräch in Prosa sein.

Nach den eben angeführten Worten fährt Goethe so fort: „Nun trug ich diese Dinge, wie manche andere, mit mir herum und ergötzte mich daran in einsamen Stunden, ohne jedoch etwas davon aufzuschreiben". Er paßte den Faust sich an, wie er ja auch das Gewand des alten Titanen sich nach seinem Wuchse zurechtschnitt. Die verwandte Gemüthsstimmung ergoß er in einsamen Selbstgesprächen, wir nehmen das Wort in der buchstäblichen Bedeutung. Er spielte für sich selbst den Faust und nach so vielen Proben gleichsam entstand das Selbstgespräch, welches der Welt offenbart wurde: die erste und älteste der Hauptscenen, der Urmonolog des Goethe'schen Faust. „Ach! was in tiefer Brust uns da entsprungen, was sich die Lippe schüchtern vorgelallt!"

Die Wirkung dieses Monologs gleicht seinem Ursprung. Goethe hat denselben oft für sich gehalten und wußte ihn auswendig, ich möchte hier am liebsten sagen „par coeur", so daß er ihn „gleich so ohne Concept" hinschreiben konnte! Und wer hat wohl je unsere Dichtung gelesen, ohne nicht einmal und öfter in einsamen Stunden sich daran zu ergötzen, wie ihm der Monolog zu Gesicht steht und dem Goetheschen Faust nachzusprechen:

> Habe nun, ach! Philosophie,
> Juristerei und Medicin
> Und leider! auch Theologie
> Durchaus studirt, mit heißem Bemüh'n.

In diesem ersten Monolog, der nach Goethes Bekenntnissen ein ungehemmter Erguß war, unterscheidet nun die philologische Kunst aus sprachlichen und sachlichen Gründen vier Abschnitte, zwischen denen Einheit und Zusammenhang zu vermissen sei. Das erste Stück beginne mit der Abwendung von aller Zunftgelehrsamkeit und ende mit der Hinwendung zur Magie:

> Drum hab' ich mich der Magie ergeben,
> Ob mir durch Geisteskraft und Mund
> Nicht manch Geheimniß würde kund,

Daß ich nicht mehr mit saurem Schweiß,
Zu sagen brauche, was ich nicht weiß.
Daß ich erkenne, was die Welt
Im Innersten zusammenhält,
Schau' alle Wirkenskraft und Samen,
Und thu' nicht mehr in Worten kramen.

Das zweite beginne mit der sehnsüchtigen Be=
grüßung des Vollmondes: „O sähst du, voller
Mondenschein, zum letztenmal auf meine Pein"
u. s. w. und ende mit den Worten: „Umsonst, daß
trocknes Sinnen hier die heil'gen Zeichen dir
erklärt".

Der Fortschritt von dem ersten Abschnitt zum
zweiten ist allerdings höchst bemerkenswerth. Dort
vernehmen wir noch den Nachhall der Stimme des
Marlowe'schen Faustes, die durch die deutschen
Volksschauspiele forttönt. Aber der Goethesche Faust
ist ein anderer als der Magus des sechszehnten
Jahrhunderts, der mit schnellen Schritten der
Hölle zueilt; der unsrige breitet seine Arme aus
nach der Natur, wie es die Epoche des Sturms
und Drangs, dessen feurigste Geburt er war, forderte.
Ihn locken die Zauber der Mondnacht: „O sähst du,
voller Mondenschein, zum letztenmal auf meine
Pein! O könnt' ich doch auf Bergeshöh'n in deinem

lieben Lichte gehn!" In diesen Empfindungen pulsirt der Goethesche Faust. Sie bilden das Thema des zweiten Abschnitts. Die philologische Unterscheidungskunst findet hier die Sprache bewegter, flüssiger, anschaulicher als im ersten und gelangt durch die Aufspürung grammatischer, metrischer und stilistischer Verschiedenheiten im Einzelnen zu dem Ergebniß, daß zwischen den beiden ersten Abschnitten unseres Monologs eine Kluft bestehe. Es seien nicht Glieder einer Rede, sondern „zwei ursprünglich getrennte", in verschiedenen Epochen der Goetheschen Sprache verfaßte Stücke. Demnach sind die ersten vierundsiebzig Verse unseres Faust erst nach mancherlei Wandlungen des poetischen Stils zu Stande gekommen und in die Verknüpfung gebracht worden, worin wir sie lesen.

Verfolgen wir nach dieser kritischen Richtschnur den Monolog noch etwas weiter. Faust schlägt sein Zauberbuch auf und erblickt das Zeichen des Makrokosmus. Voller Entzücken betrachtet er das Bild des göttlichen Alllebens. So entzückt könnte er nicht sein, wenn ihm Bild und Eindruck nicht völlig neu wären: also habe Faust das Zeichen nie vorher erblickt, also auch das Buch nie vorher geöffnet, also auch nicht früher gehabt, sondern eben erst erhalten. Die philologische Unterscheidungskunst entdeckt hier eine zweite Lücke. Die Rede des Faust setze voraus, daß ihm ein Zauberbuch gebracht worden sei, was auch im Puppenspiel geschehe, aber nicht in Goethes Dichtung, nicht in der Form, wie uns dieselbe vorliegt.

„Ich fühl's, du schwebst um mich, erflehter Geist" ruft Faust. Aber wir haben ja nicht gehört, daß er ihn erfleht hat. Hier also zeige sich eine dritte, von der philologischen Unterscheidungskunst nachgewiesene Lücke.

„Du hast mich mächtig angezogen,
An meiner Sphäre lang gesogen"

sagt der Erdgeist zu Faust. Auch diese Worte scheinen nach der schärfsten philologischen Prüfung in dem gegenwärtigen Texte nicht motivirt. Denn die Anrufung des Erdgeistes sei ja eben erst geschehen und habe keineswegs lange gedauert.

Auf diesem Wege wird in den Urscenen des Faust eine Menge von Abbrüchen und Lücken gefunden, von denen die Leser nie etwas gemerkt haben. Auch nicht der Dichter selbst. Nun ist sein „Faust in ursprünglicher Gestalt" erschienen:

die Composition seiner ersten Scenen ist dieselbe, welche die Welt seit 1790 kennt, sie zeigen keine Spur einer Lücke und keine Spur einer prosaischen Herkunft.

3. Die Gretchentragödie.

Es ist ganz richtig, daß die Redeweise Gretchens ihrem Wesen entsprechen soll. Dieses Kind der Natur und des Volkes vermag die Tiefe des eigenen Empfindens nicht in Worten darzustellen und zu erschöpfen. Ihre Ausdrucksweise hat etwas Gehemmtes und Unentfaltetes. Das Wort: „Es wird mir so, ich weiß nicht wie", paßt ganz für ihre Gemüthsart. Sie fühlt, daß alle Herrlichkeiten der Welt werthlos sind gegen das Kleinod eines Andenkens, welches treue Liebe giebt und empfängt, aber das spricht sie nicht als ihre Betrachtung aus, sondern in der Stimmung, worin sie ist, kommt ihr unwillkürlich die Ballade vom König in Thule und seinem Becher:

> Es ging ihm nichts darüber,
> Er leert ihn jeden Schmaus,
> Die Augen gingen ihm über,
> So oft er trank daraus.

Ob sie geliebt wird, fragt sie nicht ihr Bewußt=

sein, sondern die Blume, und wie das Blumenorakel ihre Frage bejaht und der Geliebte dieses Ja bekräftigt, durchbebt sie unbeschreibliches Entzücken: „Mich überläuft's!"

Die Centnerlast der Schuld auf ihrem Herzen flüchtet sie in den Dom; sie vermag ihr Schuldgefühl und ihre Seelenangst nicht in Worte zu fassen. Der böse Geist redet statt ihrer. Sie sagt: „Weh! weh! Wär' ich der Gedanken los, die mir herüber und hinübergehen wider mich!"

Dieser Auffassung der Natur und Sprache Gretchens treten nun nach den Erwägungen unserer Kritik die beiden Monologe entgegen, welche die Tiefe und Macht ihrer Empfindung in Worten darstellen, mit völliger Klarheit, mit einer gewissen rednerischen Ordnung und Fülle: der Monolog am Spinnrade und der im Zwinger vor dem Bilde der mater dolorosa; dort der ungehemmte Erguß leidenschaftlichster Sehnsucht und Liebe, hier der ungehemmte Erguß reue- und angstvollsten Schuldgefühls. In diesen beiden Monologen rede nicht Gretchen, sondern Goethe, nicht das Naturkind, das Mädchen aus dem Volke, sondern ein dichterisches Geschöpf, sie rede Gedichte, nicht Natur-

sondern Kunstpoesie oder, um es philologisch und literarhistorisch auszudrücken, sie rede nicht mehr die Sprache des ersten, sondern schon des zweiten Goethe'schen Stils. Das gute Gretchen ahnt nicht, daß sie mit den Worten: „Meine Ruh' ist hin, mein Herz ist schwer" einen Stilwechsel passirt. Die Scene im Dom und die im Zwinger haben dasselbe Thema und schildern denselben von Schuld und Angst gefolterten Seelenzustand Gretchens, aber ihre Darstellungsart sei so verschieden stilisirt, daß man die Scene im Dom als die ältere, noch dem Prosa=Faust angehörige Conception betrachten müsse, den Monolog im Zwinger dagegen als eine spätere Fassung, die wohl bestimmt war, an die Stelle der Domscene zu treten. Ich fürchte, daß die philo=logische Unterscheidungskunst hierbei die Rechnung ohne den Wirth gemacht und eine Auffassung von jenen beiden Scenen gewonnen hat, welche der Ent=stehungsart der Gretchentragödie wie den Absichten des Dichters widerstreitet. Denn die Darstellung Gretchens im Zwinger und im Dom sind keines=wegs nur verschieden stilisirte, im Wesentlichen so gleichartige Seelengemälde, daß eines das andere entbehrlich machen könnte. Die drei Scenen am

Brunnen, im Zwinger und im Dom sind in der
Schilderung des Schuldgefühls und seiner Qualen,
wie diese von Gretchen empfunden werden, eine
psychologische Steigerung von tiefer und er=
schütternder Wirkung.

Nach dem Gespräch am Brunnen hat in Gret=
chen das Bewußtsein der eigenen Sünde im Stillen
alle Selbstgerechtigkeit ausgelöscht, alles, was in der
menschlichen Natur Pharisäisches ist:

> Und segnet' mich und that so groß,
> Und bin nun selbst der Sünde bloß!

Sie wird eine Magdalene werden!

Voll Angst und Reue flüchtet sie zur mater
dolorosa, die ja selbst ein Schwert im Herzen trägt;
die schmerzenreiche Mutter ist auch die gnaden=
reiche. Bei ihr wird sie Erbarmen und Hülfe
finden:

> Hilf! rette mich von Schmach und Tod!
> Ach neige,
> Du Schmerzenreiche,
> Dein Antlitz gnädig meiner Noth!

Sie eilt in den Dom, wo alle gequälte Herzen
Trost finden, aber das ihrige muß trostlos ver=
zweifeln. Das Traueramt, die Todtenmesse, der

Chorgesang, der das jüngste Gericht verkündet, steigert ihr Schuldgefühl bis zu dem Ausdruck erbarmungslosen und furchtbaren Ernstes, womit die Stimme redet, welche der Dichter den bösen Geist genannt hat: du warst ein glückliches harmloses Kind, jetzt bist du ein verworfenes Geschöpf, das seine Unschuld verloren, seine Ehre geschändet, den Tod der Mutter, den Mord des Bruders verschuldet hat; dir droht der jüngste Tag, der dich erwecken wird, damit du auf ewig verdammt werdest! So steht es mit deiner Vergangenheit, Gegenwart und Zukunft." Der böse Geist redet nur die Sprache ihres eigenen Gewissens, er sagt, was sie innerlich bestürmt, er giebt die deutliche Ausführung ihrer eigenen dumpfen Worte:

> Weh! Weh!
> Wär' ich der Gedanken los,
> Die mir herüber und hinübergehen
> Wider mich!

Wer eine solche Höllenfahrt des Gewissens erlebt, wird auch die Welt überwinden.

Ich sollte meinen, daß diese beiden Scenen, — Gretchen im Zwinger vor der gnadenreichen Mutter und Gretchen im Dom vor dem bösen Geiste, dort

Rettung erflehend, hier zu ewiger Verdammung verurtheilt, sich selbst verdammend — zwei eng zusammengehörige, in der Darstellung des Schuldgefühls fortschreitende Seelengemälde sind und keineswegs Doubletten, deren Unterschiede sich aus dem Stile des Dichters erklären.

Wir sind in Gefahr, die ganze Gretchendichtung zu verkennen. Wenn in gewissen Scenen der Dichter seinem Gretchen eine Sprache geliehen haben soll, die für ihr Wesen nicht paßt, so wird dadurch die Einheit dieser Dichtung wie dieses Charakters gestört, und eine der natürlichsten und genialsten Schöpfungen geht uns verloren.

Man mag die Einheit in dem Charakter des Faust bestreiten, nicht die in dem Charakter und Wesen Gretchens. Ihre Gemüthsart bleibt sich gleich, aber sie erfährt durch die aufkeimende Neigung, das volle Liebesglück, die Sehnsucht und das Feuer der Leidenschaft, die Erschütterungen der Schuld und des Schicksals eine Entfaltung, die auch ihren sprachlichen Ausdruck ergreift, die Hemmungen wegräumt und sie fähig macht, ihre innersten Gefühle zu enthüllen. Dies entspricht vollkommen einer solchen Natur, wie sie ist. Und

Goethe hat uns diese Entfaltung so vor Augen
geführt, daß wir sie erleben. Von dem ersten Aus=
druck einer noch unbewußten Neigung:

>Ich gäb' was drum, wenn ich nur wüßt',
>Wer heut der Herr gewesen ist!

bis zu dem Moment, wo die Liebe in ihrem Be=
wußtsein aufblüht:

>Bester Mann! von Herzen lieb' ich dich!

ist jedes Wort, das sie spricht, ein inneres Erlebniß,
das aus einer ihr selbst verborgenen Gemüthstiefe her=
vortritt und ihr Bewußtsein erhöht. Was sich in
diesem Bewußtsein allmählich erhellt hat, wird nie
wieder dunkel. Dies gilt von ihrer Liebe wie von ihrer
Schuld. Sie wird aus Liebe eine Sünderin und von
ihrem Schuldgefühle nicht blos erfüllt, sondern er=
leuchtet, eine Büßerin, und zuletzt gleich einer
Verklärten, der die Welt nichts mehr anhat. Sie
drückt die Sühne an ihr Herz, und was die Welt
Rettung nennt, erscheint ihr wie eine Gewaltthat:

>Laß mich! Nein, ich leide keine Gewalt!
>Fasse mich nicht so mörderisch an!
>Sonst hab' ich dir ja alles zu Lieb' gethan.[1]

---

[1] In dem „Urfaust" lauten die Worte, wie Faust sie
ergreift und wegtragen will: „Ich schreie laut, laut daß
alles erwacht!"

Auch ihr Schuldgefühl erleuchtet sich nur allmählich. Es giebt einen Moment, wo es sie erdrückt und ihr Bewußtsein verdunkelt. Diesen Moment hat man sehr irrthümlicher Weise für Wahnsinn genommen, ein Irrthum, der auch die dramatische Darstellung ihres Charakters verunstaltet hat.

Die Gretchendichtung muß in ihrem Verlauf hinreißend, erschütternd und durch ihren Schluß erhebend wirken, aber jeder dieser Eindrücke ist mit einer Rührung verbunden, die ich mit den Wirkungen keiner anderen Dichtung vergleichen kann. Diese Rührung erklärt sich daraus, daß in dem Charakter Gretchens die kindliche Gemüthsart der Grundton ist und bleibt, daß es ein holdes, demüthiges, frommes Kind ist, das diese Schicksale erlebt und erduldet. Goethe selbst hat gleich im Beginn der Dichtung dieses Bild Gretchens auf uns wirken lassen. Wie Faust sie gesehen, ruft er aus:

> Beim Himmel, dieses Kind ist schön!

Und wie er in ihrem Zimmer mit sich allein ist, ihre Nähe fühlt, den alten Großvaterstuhl erblickt, da verstummt in ihm jede unlautere Regung

und ein rührendes Bild aus Gretchens Kindheit
steht vor seinen Augen:

> Wie oft, ach! hat an diesem Väterthron
> Schon eine Schaar von Kindern rings gehangen!
> Vielleicht hat, dankbar für den heil'gen Christ,
> Mein Liebchen hier, mit vollen Kinderwangen,
> Dem Ahnherrn fromm die welke Hand geküßt.

Dieses Bild sehe ich im Hintergrund jeder Gretchenscene, und ich höre das Kind, wenn die schon verklärte Büßerin die Lebensrettung verwirft und ausruft:

> Dein bin ich, Vater! rette mich!

Nachdem man die Wirkungen der Gretchentragödie erlebt hat, um sie nie zu vergessen, muß man über den geringen äußeren Umfang der Scenen erstaunen, in denen Goethe diese mächtigen Seelengemälde zu entfalten gewußt hat. Auch darin ist diese Dichtung unvergleichlich. Wir haben ein Drama der Liebe kennen gelernt, das zu den gewaltigsten und größten seiner Art zählt. Faust und Gretchen gehören zu den mythologischen Liebespaaren, die sprichwörtlich sind. Und doch sind es nur zwei kleine Gartenscenen, etwas über zweihundert Verse, worin wir dieses Liebespaar sehen und hören, nur in einer einzigen mit sich allein. Da sind viele Seelenvorgänge in der Tiefe bewegt und wirksam, die nicht ausgesprochen sind, aber empfunden und nachgefühlt werden.

Die Schöpfung eines Charakters, wie das Gretchen im Faust, ist eine Aufgabe, welche die höchsten dichterischen Kräfte fordert. In der Lösung derselben erlebt auch die Sprache des Dichters eine Epoche, sie ist nach einer solchen Schöpfung mächtiger und entwickelter als vorher. Ich würde deshalb die Stilformen Goethes nicht von seinen Gegenständen absondern und untersuchen, welchen Einfluß ein gewisser Wechsel im Stil und in der Kunst des sprachlichen Ausdrucks auf die Darstellung Gretchens gehabt hat, sondern lieber umgekehrt fragen: welchen Einfluß eine solche Schöpfung auf die Sprache des Dichters ausgeübt hat und ausüben mußte?

Nun ist auf Grund der Göchhausenschen Abschrift die Gretchentragödie in ihrer ursprünglichen und vollständigen Gestalt erschienen, die aus den Jahren 1773—1775 herrührt, wie man mit guten Gründen annehmen durfte und jetzt mit einer gewissen urkundlichen Sicherheit feststellen kann. Die Kerkerscene war in Prosa geschrieben und wurde in das Fragment vom Jahre 1790 nicht aufgenommen, sondern erst 1808 veröffentlicht, nachdem Goethe sie wohl zehn Jahre früher in Reime gebracht und in der Form hergestellt hatte, worin die Welt sie kennen gelernt. Die früheren Annahmen sind dadurch bestätigt. Unter den brieflichen Mittheilungen an Schiller, welche den Faust betreffen, findet sich aus dem Mai 1798 eine Stelle, die sich nur auf die Kerkerscene beziehen läßt: „Einige tragische Scenen waren in Prosa geschrieben, sie sind durch ihre Natürlichkeit und Stärke im Verhältniß gegen das andere ganz unerträglich. Ich suche sie deswegen in Reime zu bringen, da denn die Idee wie durch einen Flor durchscheint, und die unmittelbare Wirkung des ungeheueren Stoffs gedämpft wird."[1]

In der Rede des bösen Geistes fehlen im Fragmente von 1790 die Worte: „Auf deiner Schwelle wessen Blut?" Man hat daraus schließen wollen, daß der Plan der Einführung Valentins und seiner Ermordung durch Faust nicht in der ursprünglichen

---

[1] Vgl. darüber meine obengenannte Schrift: S. 285 bis 286.

Dichtung enthalten war. Diese Vermuthung widerlegte sich schon durch die Stelle in Gretchens Erzählung: „Mein Bruder ist Soldat", welche Worte gewiß nicht gesagt worden wären, wenn der Dichter nicht die Einwirkung dieses Bruders auf den Gang ihres Schicksals geplant hätte. Er läßt denselben schon in der ursprünglichen Dichtung auftreten, aber nicht vor, sondern unmittelbar nach der Domscene, weshalb die Anspielung des bösen Geistes unterbleiben mußte. Auch wurde hier nur Valentins Monolog ausgeführt, nicht sein Zweikampf und Tod, obwohl auch diese beabsichtigt waren.[1]

In dem Zeitraum von 1773—1775, worin die Gretchentragödie entstand und vollendet wurde, giebt es keinen Stilwechsel Goethes, dem zufolge man in dieser Dichtung verschiedene Phasen unterscheiden und an verschiedene Epochen oder sprachliche Entwicklungsformen des Dichters dergestalt vertheilen könnte, daß die Scene im Dom einer älteren, die im Zwinger einer späteren Stufe angehören oder zwischen den ersten Monologen Gretchens und dem am Spinnrade ein Stilwechsel

---

[1] Siehe oben S. 46—47.

stattgefunden haben soll. Natur- und Kunstsprache, wenn man diese Ausdrücke brauchen und als Stilformen unterscheiden will, finden sich in den Reden Gretchens, wie wir sie in der ursprünglichen Dichtung lesen, unmittelbar neben einander und mit einander gemischt. Hier steht der derbe und niedere, der gehemmte und unbeholfene, der ungeschickte und selbst unrichtige Ausdruck mitten in einer Rede voll einfacher und ächter Natürlichkeit, voll erregter und tiefer Gemüthsoffenbarung, für welche das Genie unseres Dichters den vollkommensten und einzig wahren Ausdruck bewunderungswürdig getroffen hat. Wie Gretchen in dem Schrein, den sie verschlossen hat, das Schmuckkästchen erblickt, lauten ihre Worte nach der Göchhausenschen Abschrift:

> Wie kommt das schöne Kästchen hier herein?
> Ich schloß doch ganz gewiß den Schrein.
> Was Guckguck mag dadrinne sein?

Diesen Ausspruch hat der Dichter später nicht blos veredelt, sondern berichtigt, denn die Verwunderung ist hier die erste Empfindung, die noch der Neugierde vorangeht. Darum läßt er Gretchen sagen:

Wie kommt das schöne Kästchen hier herein?
Ich schloß doch ganz gewiß den Schrein.
Es ist doch wunderbar! Was mag wohl drinne sein?

Als sie ihr Zimmer betritt, welches Faust und Mephistopheles soeben verlassen haben, fühlt sie sich von der unheimlichen Atmosphäre befangen und sagt in der ältesten Form:

Es ist so schwül und dumpfig hier
Und macht doch eben so warm nicht draus.
Es wird mir so! ich weiß nicht wie.

In der späteren Fassung lauten ihre Worte:

Es ist so schwül, so dumpfig hier
Und ist doch eben so warm nicht draus.
Es wird mir so, ich weiß nicht wie.

Aehnlich spricht sie nach Volksart im Dom, von ihrem Gewissen gefoltert:

Weh! Weh!
Wär' ich der Gedanken los,
Die mir rüber und nüber gehn,
Wider mich.

Selbst dieser Dichter hat den einfachsten und allein wahren Ausdruck nicht immer gleich zur Hand gehabt. Der ersten Begegnung zwischen Faust und Gretchen ist in kürzester Frist das erste Wiedersehen gefolgt, das mit dem wechsel=

seitigen Liebesgeständniß endet. Er ließ Gretchen in der ursprünglichen Dichtung sagen:

Bester Mann, schon lange lieb' ich dich,

während doch der richtige Ausdruck, den er später gewählt hat, so nahe lag:

Bester Mann! von Herzen lieb' ich dich.

Auch der Monolog am Spinnrade, dieser vollkommenste Erguß weiblicher Liebessehnsucht, worin jedes Wort naturmächtig und dichterisch inspirirt ist, enthält in seiner ursprünglichen Form noch eine Stelle, obwohl nur eine einzige, worin dem Dichter der nächste und einfachste Ausdruck versagt und dafür der gröbste und häßlichste sich eingeschlichen hat. Statt der Worte: „Mein Busen drängt sich nach ihm hin" lesen wir in der Göchhausenschen Abschrift: „Mein Schooß! Gott! drängt sich nach ihm hin".[1]

---

[1] Goethes Faust in ursprünglicher Gestalt: Vers 605—607, 635—637, 1055, 1098—1099, 1329—1332. Ueber Scherers Hypothesen, betreffend den Urfaust in Prosa, die Zusammensetzung des ersten Monologs und die beiden Gretchenscenen im Zwinger und im Dom vgl. Erich Schmidts Einleitung zu „Goethes Faust in ursprünglicher Fassung": S. XVII—XIX. Ueber den Monolog in Wald und Höhle und das folgende Gespräch vgl. S. XXXII und XXXIII.

Die Gretchentragödie ist in Ansehung ihres Plans wie ihrer Zeit und Sprache ein Ganzes aus einem Stück, welches keine philologische Scheidekunst in zeitlich und sprachlich verschiedene Elemente aufzulösen vermag. Daß sie es ist, wird nun auch für urkundlich bewiesen gelten. Als der Dichter die letzte Hand an seinen Faust legte, bevor er das Fragment herausgab, bedurfte die Gretchentragödie nur der Feile. Die Kerkerscene behielt er zurück und brauchte sie nur umzugestalten, als er an die Vollendung des ersten Theiles ging; freilich sollte diese Umgestaltung mehr sein als nur eine gereimte Bearbeitung.

VII. Ein Stimmungsbild im Faust.

Man darf die Frage aufwerfen, welche Oertlichkeiten unserem Dichter im Faust vorgeschwebt haben? Hier ist die Rede von der ältesten Faustdichtung. Alle Scenen vor dem Antritte der Weltfahrt haben Goethes Vaterstadt und deren Umgegend zu ihrem Schauplatz; zu diesen Scenen rechnen wir auch den Entwurf des Spaziergangs vor dem Thor. Die Weltfahrt beginnt, wie im Leben des Dichters selbst, mit Leipzig, wo die

Auerbachscene spielt; wir kennen die Bedingungen sowohl der Ueberlieferung als der Anschauung, woraus dieselbe hervorging. Der dritte Ort ist Gretchens Vaterstadt, die wir uns nach den in der Dichtung selbst enthaltenen Angaben als eine alte, feste, von Mauern umgebene, von Soldaten beschirmte Stadt vorzustellen haben, mit dem Dom in ihrer Mitte und einer katholischen Bevölkerung unter dem herrschenden, gewohnheitsmäßigen Einflusse der Priester. Hier ist Gretchen im frommen Kirchenglauben erzogen worden und zur Jungfrau aufgeblüht:

> Da die? Sie kam von ihrem Pfaffen,
> Der sprach sie aller Sünden frei —
> Es ist ein gar unschuldig Ding,
> Das eben für nichts zur Beichte ging;
> Ueber die hab' ich keine Gewalt!

Ihre Mutter ist eine streng kirchlich gesinnte Frau, die das unheimliche Geschenk sogleich dem Pfaffen bekennt und ausliefert. „Die Frau hat gar einen feinen Geruch, schnuffelt immer im Gebetbuch" u. s. f.

Im Zwinger der Stadt steht in der Mauernische ein Muttergottesbild, außerhalb der Stadt am Wege ein Crucifix, wie es die Sitte katholischer Ortschaften mit sich bringt. Vor den Thoren liegen Häuser und Gärten, darunter auch ein kleines Besitzthum, das Gretchens Vater hinterlassen hat: „Mein Vater hinterließ ein hübsch Vermögen, ein Häuschen und ein Gärtchen vor der Stadt". Solche Worte sind nicht umsonst gesagt, am wenigsten bei unserem Dichter.

Der junge Goethe träumte sein Liebesglück gern in der stillen, einsam gelegenen Hütte. Er ist diesem Zuge treu geblieben. Läßt er doch in der Zeit seiner vollendeten Reife selbst den menschenprüfenden Herrn der Erde die volle Liebesprobe, die ihn zufrieden stellt, erst in der Hütte suchen und finden: „Als er nun hinausgegangen, wo die letzten Häuser sind" u. s. f. Ein Hüttchen fern von der Stadt durfte auch in der Scenerie der Gretchendichtung nicht fehlen.

Faust und Mephistopheles nähern sich auf ihrer Wanderung der mittelalterlichen, festen Stadt, die wir geschildert haben. „Ein Kreuz am Wege, rechts auf dem Hügel ein altes Schloß, in der Ferne ein Bauernhüttchen." So beschreibt der Dichter die Scene, die sie auf der „Landstraße" vor sich sehen. Mephistopheles hat einen feinen Geruch, wie Gretchens Mutter, nur von entgegengesetzter Empfindlichkeit: „sie riecht's einem jeden Meubel an, ob das Ding heilig ist oder profan"; er wittert unbehaglich schon die Nähe der kirchlichen Stadt, wo ihm auch wirklich einiger Aerger bevorsteht. Er kann nicht schnell genug an jenem Crucifix, das am Wege steht und dessen Anblick er scheut, vorübereilen:

> „Was giebt's Mephisto, hast du Eil',
> Was schlägst vor'm Kreuz die Augen nieder?"
> „Ich weiß es wohl, es ist ein Vorurtheil,
> Allein genug, mir ist's einmal zuwider."

Diese Scene findet sich, wie durch die Göch=hausensche Abschrift jetzt beurkundet ist, in der ältesten Dichtung, und zwar unmittelbar nach der Auerbach=scene und vor der Gretchendichtung, auf dem Wege der beiden Wanderer von Leipzig nach der Stadt, wo Faust der Liebe Wonne und Schuld erleben soll. Durch diese Localisirung scheint mir die Bedeutung der kleinen Scene, mit der man bisher, so viel ich sehe, nichts oder nichts rechtes anzufangen gewußt hat, zur Genüge erklärt.

Als Goethe sie schrieb, dachte er nicht an die „Hexenküche", die so viele Jahre später in Italien entstand und dann zwischen der Auerbachscene und der Gretchendichtung dem Faustfragment einverleibt wurde; sie verdrängte unsere kleine Scene, die nun in der Fausttragödie überhaupt keinen Platz mehr finden konnte und daher unter die „Paralipomena zum Faust" gerieth, wo sie von jeher die Aufmerksamkeit nicht blos der Forscher erregt hat, denn man findet sie häufig in Citaten benutzt.

Den Forscher muß sie aus mehr als einem Grunde interessiren. Als Goethe sie schrieb, konnte Mephistopheles dem Faust nicht als Teufel gelten, sonst wäre seine Frage unerklärlich. Es wäre doch gar zu wunderlich, den Teufel noch erst zu fragen, warum das Kreuz ihm unheimlich ist! Daher ist in dem Entwicklungsgange unserer Dichtung diese Scene wohl in einem Zeitpunkt entstanden, wo Faust das Wesen des Mephistopheles noch keineswegs so durchschaute, wie in jenem Gespräch, welches dem Ende der Gretchentragödie vorausgeht. Unsere kleine Scene ist sicher von ältestem Ursprung.

VIII. Die religiöse Idee des Faust.

Ich wollte die Wege zeigen, welche die Erklärung des Goetheschen Faust sowohl in der philosophischen als in der historischen und philologischen Richtung genommen hat. Das Gedicht bedarf einer Erklärung, die seine Ideen wie seine Entstehung ihrem ganzen Umfange nach zu durchdringen sucht, was nur gelingen kann, wenn beide Arten der Betrachtung, die philosophische und die entwicklungsgeschichtliche, in der auch die philologische enthalten ist, sich vereinigen. Getrennt von einander, geht keine den richtigen Weg. Die philosophische Betrachtung, die heute diesen Namen verdient, ist selbst historischer Art: sie hat in dem Entwicklungsgange des Dichters die Ideen zu erkennen, die sein Werk in Wahrheit bewegt und erfüllt haben. Wo sich dieses Werk selbst allegorisch gestaltet, muß demgemäß die philosophische Erklärung allegorisch ausfallen; sie muß beispielsweise fragen: was bedeutet die Hexenküche, der Hexensabbath, die Mütter, der Homunculus, die classische Walpurgisnacht?

Die Sage vom Faust war eine religiöse Fabel und ihr Thema die Schuld und Verdammung einer hochstrebenden, von der Weltlust bestrickten Menschennatur. Der Goethesche Faust ist eine religiöse Dichtung und ihr Thema die Schuld und Läuterung eines erhabenen Menschen, den der Weltgenuß lockt, auch mit sich fortreißt, aber nie befriedigt. Wäre diese Nichtbefriedigung das endgültige Thema des Goetheschen Faust, wie man wohl gemeint hat, so würde ich die Dichtung nicht religiös nennen, sie wäre dann nur pessimistisch, wie die Dichtungen Byrons. Es giebt eine religiöse Ansicht von dem Weltelend und eine pessimistische: die letztere findet die Welt schlecht, weil sie nicht genußreich genug ist; dieser Pessimismus, den unsere Tage zur Mode gemacht haben, ist im Grunde nichts als unbefriedigte Genußsucht.

Dies war nicht die Anschauung Goethes, nicht die seines Faust. In seinem zweiten Monologe fühlt und schildert er das Elend des menschlichen Daseins in einer Weise, die sich nur mit dem berühmten Monologe Hamlets vergleichen läßt. Auch unserem Faust erscheint der Tod als ein Ziel, auf das Innigste zu wünschen. Er will das Leben von sich werfen, wie Ballast. Da rührt ihn der Ostergesang mit der Mahnung: das Leben ist keine Last, es ist eine Prüfung, eine schmerzliche und heilsame!

Christ' ist erstanden!
Selig der Liebende,
Der die betrübende,
Heilsam' und übende
Prüfung bestanden!

Das Leben hat die Bedeutung einer Prüfung, die durch fortschreitende Läuterung bestanden sein will: dies ist der religiöse Grundgedanke, den Goethe mit dem Prolog im Himmel in die Faust= tragödie eingeführt und zum Thema derselben gemacht hat. Er läßt seinen Faust vorwärts= streben und eine Höhe erreichen, wo die Weltgenüsse und das Weltelend ihm nichts mehr anhaben.

Auf dieser Höhe antwortet er dem Versucher, der ihm die Reiche und Genüsse der Welt vor Augen stellt: „Schlecht und modern, Sardanapal!" „Ge= nießen macht gemein!"

Auf dieser Höhe sagt er zur Sorge, die ihm noch einmal das Elend der Welt ausmalt: „Ich werde dich nicht anerkennen". Die Tüchtigkeit der Arbeit und des Strebens ist durch den Jammer der Lebenssorgen nicht einzuschüchtern. Es giebt eine ächte und wahre Nichtbefriedigung, sie quillt nicht aus dem Elende der Welt, sondern aus dem Mangel und den Hemmungen der eigenen Kraft:

> Er stehe fest und sehe hier sich um,
> Dem Tüchtigen ist diese Welt nicht stumm.
> Im Weiterschreiten find' er Qual und Glück,
> Er, unbefriedigt jeden Augenblick!

Doch es ist nicht die Aufgabe dieses Vortrages, in den Entwicklungsgang der Dichtung selbst einzugehen, da ich nur ihre Erklärungsarten darthun und beurtheilen wollte. Das Werk ist mit dem Dichter und seinen Lebensanschauungen fortgeschritten, und es war zwei Menschenalter hindurch im Werden begriffen. Um es richtig zu würdigen und die Ideen zu erkennen, welche dieses Weltgedicht in seinen Erscheinungen darstellt, nehmen wir uns jene liebevolle Betrachtung der Welt selbst zum Vorbilde, die der Herr im Prologe von den Seinigen fordert:

> Erfreut euch der lebendig reichen Schöne!
> Das Werdende, das ewig wirkt und lebt,
> Umfass' euch mit der Liebe holden Schranken,
> Und was in schwankender Erscheinung schwebt,
> Befestiget mit dauernden Gedanken.